COMO EU SOBREVIVI AOS ANOS 90

OUTRO Planeta

Preparação: Fernanda Guerriero Antunes
Revisão: Laura Vecchioli e Project Nine Editorial
Diagramação, projeto gráfico e ilustração: Sergio Rossi
Capa: Luiz Sanches Junior
Ilustrações de capa: Shutterstock
Fotografia de capa: Luiz Ipolito
Fotos de miolo: Arquivo pessoal do autor

Dados Internacionais de Catalogação na Publicação (CIP)
Angélica Ilacqua CRB-8/7057

Nogy, Danilo
Como eu sobrevivi aos anos 90 : histórias reais de uma década surreal / Danilo Nogy. – São Paulo : Planeta do Brasil, 2018.

240 p.

ISBN: 978-85-422-1507-6

1. Anos 1990 - Brasil - Nostalgia 2. Infância - Nostalgia 3. Nogy, Danilo - Narrativas pessoais I. Título

18-1848 CDD 909.829

Índices para catálogo sistemático:
1. Anos 1990 - Brasil

EDITORA PLANETA DO BRASIL LTDA.
Rua Padre João Manuel, 100 – 21° andar
Ed. Horsa II – Cerqueira César
01411-000 – São Paulo-SP
www.planetadelivros.com.br
atendimento@editoraplaneta.com.br

Kolynos

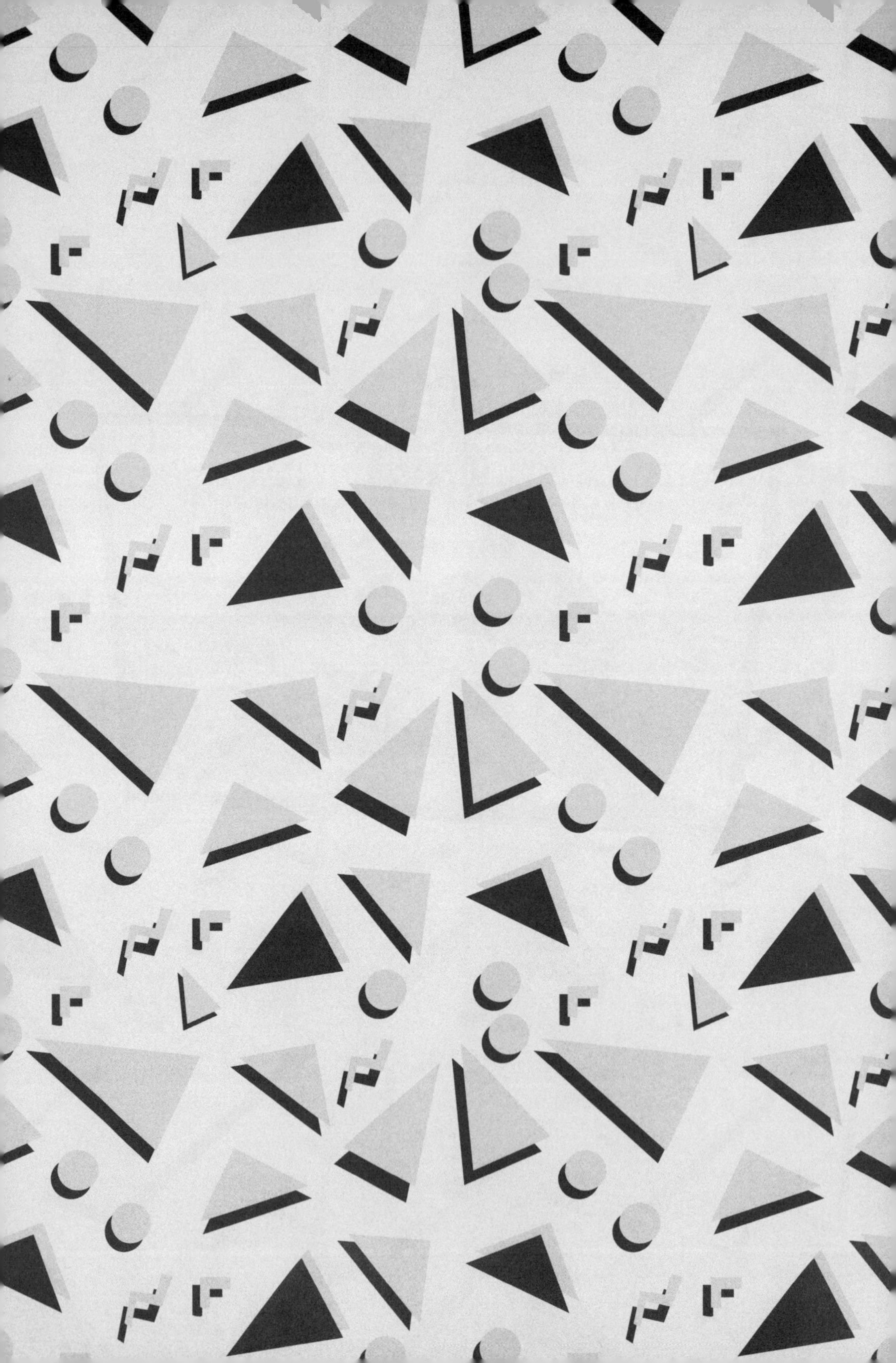

À MINHA MÃE LUDIMILA E AO MEU PAI MARCOS, PELO AMOR INCONDICIONAL E POR TODOS OS ANOS QUE ME FORAM DEDICADOS. PELOS ENSINAMENTOS E ESFORÇOS, PELA LUZ E PELA VIDA. AMO VOCÊS.

SUMÁRIO

A DÉCADA DO FIM DO MUNDO

Para começo de conversa, este livro nem deveria existir. Explico: por muito pouco o mundo não acabou antes dos anos 90 darem o ar de sua graça. Não sei se vocês sabem, mas tivemos um probleminha aí chamado Guerra Fria, que começou depois da Segunda Guerra Mundial e foi se estendendo até o fim da década de 80.

Essa treta durou muito tempo, teve reviravoltas, arcos dramáticos, furos narrativos, personagens meio bizarros e alguns poucos heróis, mais ou menos como uma série de tevê. Ou melhor: mais ou menos como um interminável Corinthians e Palmeiras, com direito a acréscimos e prorrogação, que acabou num 0 a 0. Quase foi pros pênaltis, e isso não teria sido nada bom.

Com a queda do Muro, o planeta pôde continuar girando daquele jeito meio atrapalhado dele e a década de 90 começou. Danilo Nogy era um garotinho ainda, quando a seleção tomava um pau da Argentina, na Copa que parecia o fim do mundo do futebol. Aqui no Brasil, então, vocês que não viveram aquela época nem imaginam: um tal de Fernando Collor de Mello foi eleito presidente – e fez, na presidência, a mesma coisa que o Danilo Nogy andava fazendo nas fraldas.

Uma galerinha pintou a cara, saiu às ruas para protestar, protestou, o presidente da parafina no cabelo caiu e o resultado de tudo isso, anos depois, é essa bagunça que nós temos pra hoje. Como a história dá voltas e voltas, e a década de 90 deu ainda mais rodopios, um outro sujeito que então disputava com Collor acabou terminando do mesmo jeito. Leiam os jornais de hoje e aprendam o que aconteceu ontem e acontecerá amanhã. Mas isso são outros noventa.

A história que nos interessa é a seguinte: a década de 90 não foi melhor nem pior do que todas as outras. Este livro não é uma enciclopédia cheia de fatos empilhados, mas também não é uma declaração de amor aos anos que se passaram. Fazer isso seria bobagem.

O que o Danilo (como eu o conheço) Nogy (como vocês o conhecem) fez aqui foi uma espécie de registro fragmentado de suas memórias, vivências, alegrias e medos. Tudo de um jeito que não parecesse cafona ou sentimental demais. A intenção era se divertir, era divertir o leitor, com as lembranças, reais e imaginadas, daqueles anos de vida.

Eu, se vocês não sabem, sou tio dele. Posso garantir que é tudo verdade – até o que é mentira. Como assim, Padawan? Ora, sendo assim. As memórias se confundem com a imaginação, e, numa criança que vai crescendo, a imaginação – a tal "mentira" – é quase tão importante quanto as memórias de fato. Danilo Nogy sempre teve uma imaginação meio absurda, criativa, delirante. Foi uma espécie de Lucas Silva e Silva (*Mundo da Lua*) da vida real.

Ele imaginava as coisas que vivia e vivia as coisas que imaginava. Foi um garoto ao mesmo tempo divertido e enfiado em si mesmo. Nunca sabíamos se o que ele contava tinha acontecido ou tinha sido inventado. Não faz diferença. Do que me lembro, do que vai aqui contado, muita coisa é verdade tal e qual. Eu mesmo participei de algumas dessas aventuras. Este livro, portanto, não é o relato do que aconteceu para todo mundo na década de 90. Isso seria chato. É o relato de como tudo aconteceu para um garoto que cresceu com a década.

É por isso que tem interesse. Os anos passam, e o que temos conosco, o que cada menino ou menina tem no coração, é a lembrança e o sentimento de todas as experiências vividas, sonhadas e imaginadas. Que o leitor leia este livro com o mesmo carinho com que o Danilo Nogy o escreveu.

De minha parte, para terminar, confesso o seguinte: tenho orgulho de ser tio e amigo do Nogy (pra vocês), Danilo (pra mim). Esse cara, que já não é mais criança, que já tem um filho lindo (te amo, Biel!), que virou homem e produz coisas legais para vocês assistirem. Ele hoje é adulto, cumpre deveres, paga contas, cuida da mulher, tudo como deve ser; mas quem conhece o homem de hoje, quem conheceu o garoto de ontem, sabe que ambos continuam a se confundir e a se misturar ali dentro, da melhor maneira possível.

A década de 90 se esgotou, o *bug* do milênio pifou, o novo milênio chegou e o mundo, que podia ter explodido, não explodiu. Tudo continua mais ou menos como sempre: alegrias e tristezas juntas, aventura e rotina, memória e imaginação. E isso, sinceramente? É muito bom.

Bem-vindos à década do fim do mundo.

Gustavo Nogy

CAPÍTULO 1

BRINCAR É PRECISO, VIVER NÃO É PRECISO

Foi-se o tempo em que as crianças podiam brincar na rua. Tente fazer isso hoje e você será:

(1) ATROPELADO.

(2) SEQUESTRADO.

(3) ASSASSINADO.

(4) CORROMPIDO PELO TRÁFICO.

(5) TODAS AS ALTERNATIVAS, NÃO NECESSARIAMENTE NESSA ORDEM.

Brincar na rua realmente faz muita falta. Não estou sendo nostálgico, estou sendo sincero: o espaço da rua já foi mais seguro, amigável e convidativo para as crianças pequenas e os adolescentes.

Isso era importante para as amizades, os primeiros e inocentes namoros, a convivência com os vizinhos. Eu sabia o nome de todo mundo da minha rua, da rua de baixo e, também, da avenida de cima. Já nossas mães sabiam o nome até da terceira geração das vizinhas. Agora ninguém sabe quem é quem, quem é filho de quem; todo mundo se tranca em casa e qualquer pessoa circulando parece suspeita.

Uma pena, de verdade. Porque as brincadeiras de rua, ou na rua, foram um dos meus primeiros testes de sobrevivência da vida. Não só de sobrevivência, é claro, mas de companheirismo e lealdade.

Apesar de ter de provar para todos que eu era o mais forte no cabo de guerra (mesmo sendo nitidamente o mais fraco), de precisar correr como um Usain Bolt só para mostrar ao mundo que eu não era o mais lerdo no pega-pega (eu era) e o mais tonto no cabra-cega (certamente fui), as brincadeiras de rua/beco/viela não deixavam de ser muito divertidas por isso.

bater figurinha

Também conhecida como bater bafo (nome indecente; juro que não é prática sexual bizarra), essa sempre foi a brincadeira mais Las Vegas da rua: apostar suas raras figurinhas da Copa do Mundo, que custaram exorbitantes 25 centavos na banca do Seu Benedito, era para poucos.

A regra era muito simples: um monte de figurinhas viradas pra baixo. Cada um tinha direito a uma pancada com as mãos pra tentar virar uma delas, ou todo o monte. Rapelar[1] exigia habilidades sobre-humanas. Ou, no mínimo, sobreinfantis.

Voltando. Os conservadores (leia-se: covardões) jogavam à brinca, ou seja, só pela diversão e sem perder sua fortuna de centavos ali. Os destemidos jogavam à ganha, definindo então o número de figurinhas da rodada e começando um jogo de vida ou morte.

Vida ou morte mesmo. Sei de histórias...

As brigas começavam já quando o mais ligeiro do grupo besuntava a mão com saliva para iniciar esse esporte olímpico. A mão do oponente parecia cheia de ectoplasma: uma gosma de saliva, bactérias, sujeira (e sabe Deus em que mais a molecada metia a mão).

Rapelar o moleque que tinha um irmão mais velho também nunca foi uma boa ideia. Nesse caso, era recomendável ser bom de briga. Eu não era bom de briga, mas tinha outros dois irmãos mais velhos.

---

1 Rapelar: virar todas as figurinhas do jogo; meter a mão nas figurinhas do colega, sem dó nem piedade; meter um 7 a 1 nas figurinhas do coitado.

Bater Tazo também era uma prática comum entre a criançada. Começamos com a coleção da série *Looney Tunes* e quando vimos já estávamos colocando na pilha Tazos holográficos de *O Máskara*. Nem eu acreditava que o Brasil já tinha tecnologia para aquilo tudo. Os *arma e voa* eram nossos novos pirocópteros, e perder alguns deles no telhado era quase rotina. Já o Master Tazo era ignorância; o legal era bater na raça. Porta-Tazo e Pega-Tazo eram artefatos de ostentação, pouco aceitos nos becos do bairro. Pra impor respeito mesmo, só chegando com uma pilha de Tazos velhos e ralados presos com elástico.

bolinha de gude

Também conhecidas pelos nomes científicos de *burquinha*, *bila*, *bulica* ou *tilica*, as bolinhas de gude estavam sempre presentes nas ruas sem asfalto (e sem mais um monte de coisas, como saneamento básico, policiamento ostensivo, praças de esporte etc.) da nossa infância.

Alguns moleques apareciam com garrafas PET – garrafas PET não: piscinas olímpicas inteiras – cheias de bolinhas de gude. A ideia era impor respeito.

Em compensação, quando um oponente qualquer surgia com três, quatro bolinhas meio feias e deformadas, de nomes como *caticeira*, *matadora*, *quebra-vidro*, *demoninha*, *leiterinha*, daí, meu amigo, você sabia que seu fígado e sua irmãzinha estavam em perigo.

Esses forasteiros vinham com três ou quatro dessas bolinhas e muita maldade no coração, para amealhar todo o acervo dos garotinhos de família.

Isso quando o meliante, que desconsiderava a moral e os bons costumes, não temia as autoridades constituídas, não aparecia com umas bolinhas de ferro. Não sei onde ele conseguia aquilo: se na bicicletaria mais próxima ou no Quinto dos Infernos, mas o fato é que essas bolinhas arrebentavam com as nossas.

Quebravam mesmo. Estilhaçavam. Ele não levava pra casa seus troféus, apenas os destruía na frente de todo mundo.

Esses caras foram os primeiros terroristas que eu vi: em carne, ossos e ruindade.

futebol de rua

Antes de qualquer coisa, preciso fazer uma confissão: eu sou o pior jogador de futebol do mundo.

(...)

Pensando bem, não sou o pior; sou um dos três piores. Meus irmãos são tão ruins quanto eu. Somos uma família desprovida das mais básicas habilidades futebolísticas. Essa vai pro meu *Arquivo confidencial*. Chorem de emoção por mim.

Ainda assim, eu fazia questão de participar da peleja, do futebol em terra batida. A vantagem é que qualquer jogada absurdamente ruim que eu fizesse eu botava logo a culpa na pedra, no graveto ou na capivara que porventura estivessem pelo campo.

O patrocinador oficial do evento era também conhecido como Dono da Bola. Não tinha musiquinha no começo dos jogos, igual a essas frescuras da Champions League, mas a coisa ficava séria conforme o sangue esquentava.

As especificações técnicas eram as seguintes: não havia especificações técnicas.

O campo era a rua de terra, ou o asfalto, o paralelepípedo, o quintal grande da casa de alguém (e daí o futebol de rua virava uma espécie de futebol de salão de rua). O campo podia ser até o morro ou a ladeira, tipo uns 90 graus de inclinação.

Muito raramente o campo era campo de verdade mesmo.

A bola, por sua vez, poderia ser aquela de campo, mais moderna, ou de capotão (essas, mais antigas, sobreviventes de anos passados), de vôlei, de basquete, até de futsal. Aliás, as bolas de futsal pareciam pedras. E as de capotão, citadas anteriormente, encharcavam e passavam a pesar meia tonelada.

No desespero, valia até bola dente de leite da Yakult.

As traves eram feitas da tecnologia mais avançada disponível para moleques como nós: chinelos de dedo. Isso criava um problema, digamos, técnico: quando a bola rolava por cima deles, ninguém conseguia definir se era gol. Sabe aquela coisa de "a bola tem de ultrapassar toda a linha"?

Não, a regra não é clara, Arnaldo.

Falando no Arnaldo e nas regras, todas as decisões eram tomadas da seguinte forma: quem podia mais chorava menos. A falta era marcada de acordo com quem a sofresse, se fosse bom de retórica ou de briga.

Se fosse bom de retórica, convencia os outros de que tinha sofrido falta. Se fosse bom de briga, os outros se convenciam de que era melhor não duvidar. Nisso eu era especialista, importante deixar claro aqui. Fingia falta como ninguém.

Uma das alternativas para as traves era fazê-las de pedregulho, tijolinho baiano ou blocos de cimento. A vantagem era óbvia: a bola ou entrava ou não entrava, não tinha discussão. A desvantagem, tão óbvia quanto: a cada carro que chegava à rua, tínhamos de correr para afastar as traves. Isso sem falar no risco inerente de arrancar o tampão do dedo acertando uma bicuda no tijolo gigante. A rua era uma espécie de tatame: nela só se entrava descalço.

A partida apenas poderia ser interrompida por carro passando na rua (algo inevitável a cada noventa minutos), menina bonita passando (evento que geralmente ocorria em anos bissextos), tempestades bruscas seguidas de trovoadas e tornados (podia ficar na rua enquanto um temporal rolava, sim, só não podia encostar em nada feito de ferro durante as trovoadas) ou quando a mãe do dono da bola chamava para jantar. Aliás, pelada de rua não tem tempo: vira a 3, termina a 6; ou 5 vira, 10 acaba.

pular cela

Prefiro deixar esse indecoroso assunto com os meus advogados.

empinar pipa

Uma das brincadeiras mais queridas.

Empinar pipa exigia habilidades diversas, como as do trabalhador rural, gatuno, químico e eletricista.

Tudo começava com uma expedição ao matagal da rua de baixo, empunhando uma faca de cozinha à procura de bambu. O objetivo era confeccionar a própria vareta *do* pipa (licença poética: na linguagem erudita da rua, *pipa* é um substantivo masculino).

Depois de um bambu afiado e uma linha bem amarrada, tínhamos então uma armação de respeito. Aí vinha a melhor parte: pegar a bicicleta e ir ao bazar comprar papéis de seda das mais variadas cores.

Passada essa fase, o esquema era surrupiar um saco de lixo preto da mãe pra fazer a rabiola, o que dava um trampo desgramado. Tenho absoluta certeza de que no Egito antigo os faraós colocavam aquela galera para fazer rabiola de pipa.

Foi nesse ponto que muitos entraram para o mundo do crime: ir atrás de lâmpada fluorescente, cola e água quente. Os mais cuidadosos utilizavam uma meia-calça como coador nesse processo criminoso de fazer cerol.

(Depois eu soube que muitos dos mais cuidadosos começaram a utilizar a meia-calça para outros fins, mas isso são outras histórias.)

Besuntávamos a linha de cola e polvilhávamos aquele vidro moído. Entre cortes e sangramentos, tínhamos nossa arm... digo, nossa linha de pipa. Não era das coisas mais seguras, mas quem disse que viver é seguro?

Por fim, era só encontrar uma imponente lata de óleo, o melhor artefato para enrolar a linha (foi nesse exato momento da vida que aprendemos o que era uma *jarda*). Quanto mais enferrujada, melhor. Dava mais aderência na mão. Garrafas PET e latas de Nescau amassadas também eram bem-vindas.

Vale lembrar que todo o trabalho de passar cerol era muito bem escondido no meio do matagal ou na casa dos pais separados de algum amigo, meio largadinho afetivamente, porque se a mãe descobrisse era chinelada na costela e uma semana sem sair na rua.

rodar pião

Tudo o que você precisava era de 50 centavos e disposição pra ir a um bazar, já que eles nunca ficavam na rua de casa.

Falei em bazar e, puxa vida, que saudades dos bazares. Todo bairro tinha pelo menos um. Vendia-se de tudo: de órgãos humanos a papel-manilha para fazer moldes de roupa. Não sei onde foram parar os bazares, mas sinto falta deles.

Eu chegava todo serelepe lá no Bazar Lírio para adquirir um belíssimo pião de madeira e uma fieira (aquela cordinha branca que rapidamente ficava imunda). O pião era uma arma letal independentemente do ângulo: se durante uma jogada ele escapulisse da fieira e voasse no seu crânio, algo muito desagradável iria ocorrer. Pior ainda: a profecia da sua avó que previa esse acidente desde sua primeira vez jogando pião em 1992 iria se concretizar.

Não acertando o lado da madeira maciça, provavelmente as leis da Física (ou de Murphy) conduziriam gentilmente aquele prego afiado do pião diretamente aos seus olhos. Não há registro (entre meus amigos) de que isso tenha ocorrido.

Os anos passaram e o pião foi *gourmetizado*. Agora ele não tem mais um prego afiado e cheio de tétano na ponta. Apenas uma esfera, uma vergonhosa bolinha no lugar do prego. Uma verdadeira afronta.

De resto, quando tudo dava certo, o pião girava, girava, girava... isso até um desalmado tascar um outro pião feito de cabeceira de cama em cima do seu e, assim, arrancá-lo com violência do triângulo, com grandes chances de rachá-lo ali mesmo. Nada poderia ser mais humilhante.

taco/bat

Muito antes de toda a pompa e circunstância dessa tal de NFL ("Enéfel", para os íntimos do idioma), nós já debutávamos nos esportes americanos com muita desenvoltura.

Mas não era o futebol americano que não é futebol. Nosso negócio era *baseball*. Ou, mais precisamente, taco.

Assim como muitas outras, era uma brincadeira barata como deveria ser: uma bola de tênis daquelas bem encardidas resolvia o problema. Era importante a sujeira, porque dava à bolinha o peso e a textura tecnicamente mais apropriados. Em bola limpa e nova sempre faltava alguma coisa.

Garrafas cheias de areia com bicho geográfico e pedaços de pau: tudo pronto para uma das brincadeiras mais divertidas daquele tempo.

De vez em quando, a bolinha acertava a boca de alguém, ou o taco voava sem direção definida, mas quem se importava?

Ou melhor: "Who used to care?", como dizem os *yankees*.

vão de perna, pé na bunda

Esse clássico de 90 consistia num time de amigos e inimigos que poderia variar de 2 a 100 participantes. Uma bola pequena. Qualquer coisa que se pareça com bola pequena servia.

Eu tinha um amigo apelidado de Piu-Piu (ele era louro e atarracado), que levava todos os dias no recreio suas bisnaguinhas com geleia de morango embrulhadas em papel-alumínio. Às vezes a mãe dele mandava suco natural na lancheira da *Família Dinossauros* também. Ele só não era zoado por isso porque estávamos interessados no papel-alumínio. Bem amassado, ele virou nossa bola oficial lá no Lamartine.

O jogo começava da maneira mais desesperadora possível, com o simples lançar da bolinha ao chão. De forma desorganizada e eufórica, todos os participantes começavam a chutar a bolinha com um único intuito: passá-la pelo vão da perna do coleguinha, a famosa *caneta*.

Isso poderia levar alguns minutos. Quando acontecia, o clube da luta futebolística iniciava ali. O azarado tinha de correr desesperadamente para tocar num ponto previamente combinado, geralmente uma árvore, um poste ou uma velha sentada na praça.

Só que, até chegar lá, o jogador era amistosamente agraciado com pontapés, tapas, voadoras do Liu Kang e rasteiras dos colegas (amigos e inimigos; aliás, nunca se sabia quem era amigo e quem era inimigo, afinal de contas).

salada mista

Ah, o amor!...

Essa educativa brincadeira prescindia de violência, porém chacoalhava com força nossos coraçõezinhos infantojuvenis.

Uma fila de crianças ansiosas e alguém tapando seus olhos. A fila se serpenteava e se misturava e de repente você tinha que decidir seu destino amoroso em segundos.

No fundo, nossa vida amorosa não muda muito depois disso.

Dentre as frutas, a classificação:

1. PERA ERA UM VEXATÓRIO APERTO DE MÃOS. (VOCÊ ERA TIPO UM "DÁLIT", AQUELES POBRES COITADOS PERTENCENTES A CASTAS QUE, NO HINDUÍSMO, NÃO VALEM O FEIJÃO QUE COMEM.)
2. UVA ERA UM ABRACINHO SEM JEITO. (O ABRAÇO QUE A GENTE DÁ EM PRIMO DE TERCEIRO GRAU, EM FESTA DE FIM DE ANO.)
3. COM A MAÇÃ AS COISAS COMEÇAVAM A MELHORAR. EM HOMENAGEM ÀQUELA MALANDRINHA DA EVA, JÁ ROLAVA UM BEIJINHO NO ROSTO.

4. ATÉ QUE, COM A SALADA MISTA, O MARAVILHOSO MUNDO DA SEXUALIDADE SEM FREIOS NEM LIMITES SE ABRIA PARA NÓS: UM SELINHO NA BOCA.

O momento do beijo era uma mistura de ansiedade, vergonha e desespero para acabar logo e todo mundo em volta parar de gritar e rir da sua cara.

Mas, depois disso, a vida nunca mais voltava a ser a mesma...

O CHÃO DE TERRA BATIDA ERA IDEAL PARA RODAR PIÃO E BRINCAR DE BOLINHA DE GUDE. PARA FURAR O PÉ NUM CACO DE VIDRO E PEGAR BICHO GEOGRÁFICO TAMBÉM.

CAPÍTULO 2

AQUELES ANOS EM QUE VIVÍAMOS PERIGOSAMENTE

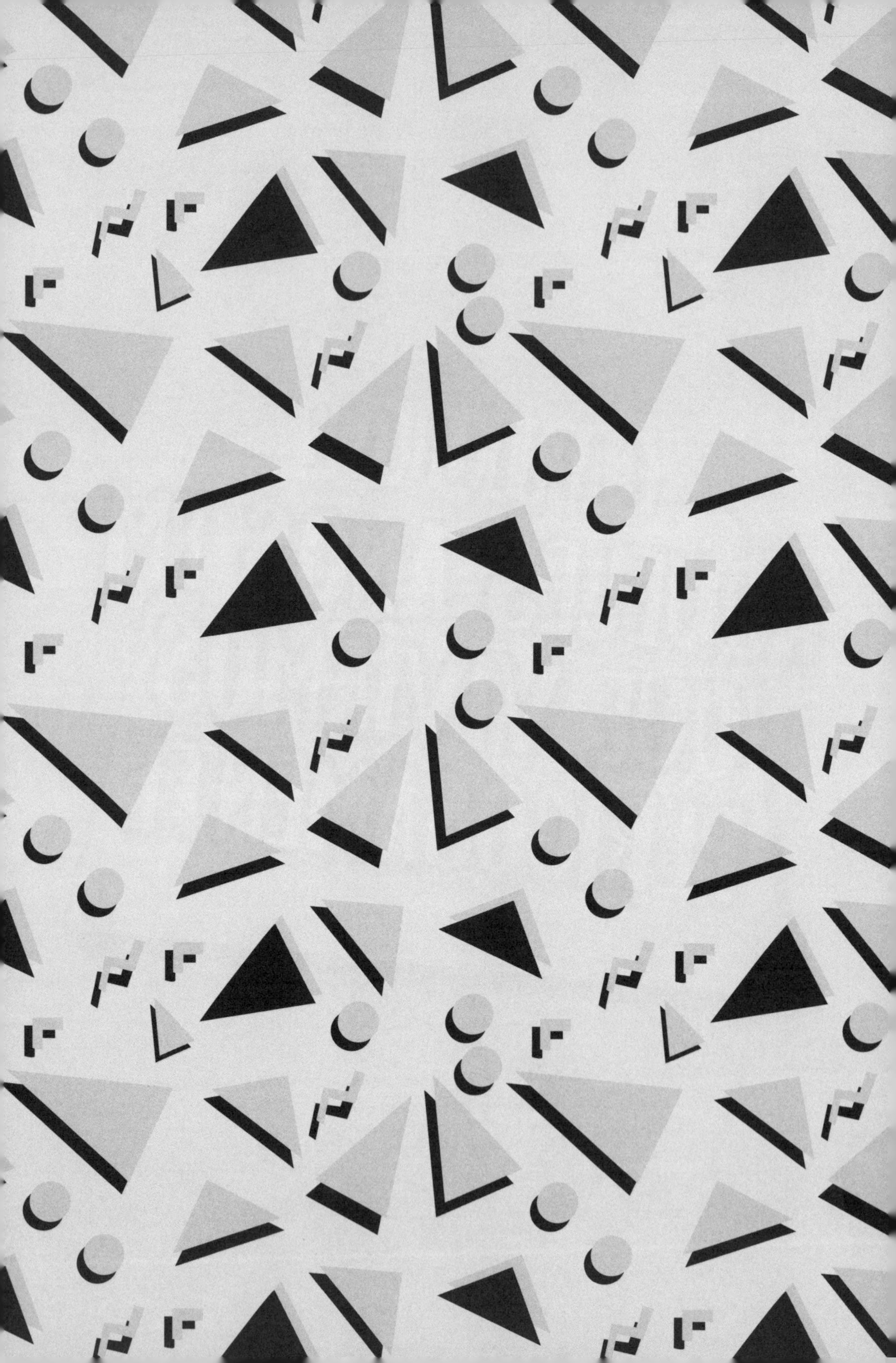

Muita coisa mudou dos anos 90 pra cá, mas trago verdades: nós já não somos mais corajosos e destemidos como éramos. Viver naquele tempo era uma aventura digna de *Sessão da tarde*, como aquela cena da molecada descendo a ladeira de carrinho de rolimã em *O menino maluquinho*.

Nossos pais se preocupavam conosco (assim espero, ou terei de fazer anos de terapia, se acreditar no contrário), só que tudo parecia mais ou menos mais seguro (e, ao mesmo tempo, arriscado). Hoje tudo é proibido, tudo é mortal, tudo dá alergia ou fere a lei e os bons costumes. De repente, o glúten ficou mais perigoso que um *shot* de clorofórmio.

Meu filho nasceu há pouco tempo, e bem antes disso eu já tinha lá um bebê-conforto devidamente preparado para carregá-lo. O bebê-conforto tem mais especificações de segurança que um submarino. Pra falar a verdade, tenho inveja do bebê-conforto do meu filho. Já inventaram até uma espuma que massageia o bebê durante a viagem. Alguém deveria fazer uma versão gigante desse equipamento e colocar no shopping: enquanto a mulher vai alegremente estourar o cartão de crédito, eu fico descansando no bebê-conforto para bebês gigantes. Menos vergonhoso do que a cadeira de massagem.

Esperei com ansiedade meu filho crescer um pouquinho. Deu meia-noite e um, fui lá e troquei o bebê-conforto por uma cadeirinha, também ela preparada para suportar furacões, maremotos, invasões alienígenas e, quem sabe, acidentes automobilísticos. Estou até mais ansioso do que ele, que agora vai poder ficar virado para a frente, no carro. Vai poder ver o papai dele e acreditar que sou bom motorista. Finjo bem.

É claro que o fator mais importante disso é a segurança do meu filho, mas existem leis e normas que obrigam o cidadão a usar tudo isso certinho. Algum legislador parece se preocupar mais com o meu filho do que eu, o que me deixa até emocionado.

Mas, como eu dizia, antigamente as coisas eram bem mais... interessantes. Cadeirinha, bebê-conforto, assento de elevação? Nada disso nem tinha sido inventado ainda. Quando nasci, quando todo mundo nasceu, dos anos de 90 pra lá, só tinha mato nessa área de cuidados com as crianças.

A criançada ia no banco da frente mesmo, e sem cinto de segurança! Cinto só era usado quando a pessoa que estava dirigindo via um guarda; aí nossos pais, muito responsáveis, mandavam todo mundo colocar o cinto rapidamente, num gesto de desespero. Era quase uma prova do *Domingo legal*. Faltavam só as bexigas e o Liminha com um apito.

Já no banco traseiro, cinto só existia na calça das crianças, quando era o caso. E, afinal de contas, para que cinto de segurança se o lugar mais seguro do carro era o porta-malas? Quanto mais crianças ali, mais divertido. E até mais seguro, porque a gente ia tão apertado que ninguém corria perigo de ficar solto no carro.

Aliás, antigamente, carro não tinha limite de 5 pessoas, não. O limite era conseguir fechar a porta. Três na frente, 6 atrás, fora o cachorro e aquela fôrma de pavê que minha mãe me obrigava a segurar. (Aliás, que fim levou o pavê de bolacha de champanhe?). Ir sentado no colo de irmão, primo e do coleguinha geralmente era motivo de discórdia e pequenas agressões durante toda a viagem.

Não tinham inventado o *bullying*. (Ou pelo menos o Brasil não tinha tecnologia pra isso na época.)

As coisas começaram a mudar em 98, quando entrou em vigor o Novo (e petulante) Código Brasileiro de Trânsito. Foi aí que a gente percebeu que 9 pessoas, uma pilha de *Almanacão de férias* da Turma da Mônica e um cachorrinho num Monza poderiam ser algo um pouquinho *demais*...

Comprar cigarro e cerveja para os pais

Se hoje em dia você é um jovem rebelde e fica irritado quando sua mãe pede pra você ir ao mercado comprar leite, macarrão ou, pior, molho de macarrão, saiba que as crianças dos anos 80 e 90 tinham missões bem mais árduas, viu?! Se bem que vou abrir um parênteses aqui.

(Comprar molho de tomate para minha mãe até hoje é uma das tarefas mais difíceis que existem. Ela explica, desenha, descreve o raio do tipo de molho que ela quer e, diabolicamente, quando volto com aquele exato molho, ela diz que... não era bem aquele. Não sei se ela se transforma enquanto vou ao mercado, ou se o molho se transforma quando chego em casa, mas NUNCA acerto.)

Nossos pais, tios e até mesmo o vizinho (lembra-se desse cara: o *vizinho*, quando ele ainda não abusava de crianças, como esses malucos de hoje?) tinham o peculiar costume de nos mandar buscar cigarro e cerveja nos botecos mais obscuros da cidade. Para sobreviver a esse período histórico, tive que decorar as marcas de cigarro e cerveja. Chegou uma época que eu manjava mais do que meu pai, eu acho.

O complicado era quando você ia comprar um Derby azul e a mulher falava: "Só tem vermelho, pode ser?". Meu amigo, que tristeza na alma. Eu já me imaginava tomando uns tabefes do meu pai se errasse o pedido. Ou me chamando de burrinho perante os familiares. E os familiares riam, confirmando. Minha avó, principalmente. Tipo:

certinho ele, me mandando comprar cigarros; erradinho eu, comprando os cigarros errados.

Cerveja era a mesma coisa: a gente adentrava aqueles ambientes habitados por bêbados, maloqueiros e jogadores de sinuca com a missão de levar pra casa uma Kaiser gelada. Já começava por aí: um pai que mandasse o filho comprar Kaiser devia perder a guarda, só por pedir Kaiser. Mas isso é outra história.

O problema é que nem sempre dava para pegar o troco em balinha de hortelã – aquelas pra tirar o bafo de cachaceiro –, porque meus progenitores me mandavam colocar na conta, pegar fiado no bar do Seu Daniel. Cada ida ao boteco era uma sensação ao mesmo tempo ruim e boa: *ruim*, porque era um ambiente bem hostil para um molequinho com cara de inocente como eu; *boa*, porque você sobrevivia àquilo.

Mas com o tempo a gente se acostuma e até vira amigo dos alcoólatras. Havia alguns *figuras* que, muito prestativos, ofereciam pra gente tomar um golinho da espuma da cerveja. Eu sempre neguei com a desculpa de que tava doente. Na semana seguinte, lá estavam eles me oferecendo catuaba.

Outra atividade não muito agradável na época era quando minha mãe me mandava ir ao bar chamar meu pai: "Chama seu pai pra almoçar!". Arrancar ele de lá não era uma boa ideia. Botecos são como, sei lá, clubes muito distintos para os homens. Era uma coisa realmente importante na vida social deles. Existe um risco inerente em retirar o homem do seu hábitat natural.

Desde 1990, o Estatuto da Criança e do Adolescente proíbe vender ou entregar a menores cigarros, goró e outras coisas que possam causar dependência. Eu queria que o Estatuto proibisse também de entregar molhos de tomates a crianças, adolescentes e até adultos. Só mães poderiam comprar os mald... os benditos molhos de tomate.

O mundo seria bem mais justo.

Brinquedos não tinham avaliação do Inmetro

Produtos sem classificação de idade, peças minúsculas que poderiam ser engolidas numa boa ou enfiadas no nariz, materiais cortantes, atômicos, perfurantes ou inflamáveis: assim eram os brinquedos durante décadas no Brasil. Só ali no finalzinho dos anos 80 é que o Inmetro começou a fiscalizar e certificar os brinquedos fabricados por aqui. Começou.

Até então, a única fiscalização que tínhamos era nossa própria mãe, que dizia que se a gente engolisse alguma pecinha do brinquedo haveria duas consequências: uma delas, até razoável; a outra, preocupante:

1. PODERÍAMOS ENGASGAR COM A PECINHA E QUEM SABE MORRER (RAZOÁVEL).
2. PODERÍAMOS APANHAR DE TAMANCO OU DE CINTA DE FIVELINHA DE FERRO (PREOCUPANTE).

Eu acho que essa fiscalização funcionava melhor do que qualquer órgão do governo...

O resultado disso? Engolíamos as coisas e rezávamos para não morrer ou para morrer de morte rápida, antes que nossos pais descobrissem. Estou vivo até hoje. Se tomei tamancadas e golpes de cinta com fivelinha de ferro, prefiro não revelar.

(Antes que eu me esqueça: não me pergunte o porquê de comer brinquedos; comer coisas não comestíveis é quase uma necessidade para crianças e alguns adolescentes... E talvez alguns adultos? Deixa pra lá...).

Tazos, figurinhas e brindes

Nos anos 90, o capitalismo era mesmo selvagem e muito mais divertido do que hoje. Os barões da indústria contratavam gente cuja única função na vida era convencer crianças a pedir para que seus pais comprassem coisas.

E cada produto vinha com outro produto, que anunciava um terceiro produto. Avalanches de produtos que vinham com brindes maravilhosos, só para estimular nossos instintos mais sórdidos.

Era delicioso ir à venda comprar um Cheetos só pela emoção de abrir a embalagem e quem sabe achar um Tazo novo para a coleção! Havia Tazos voadores, metalizados, holográficos etc. Enfim: um negocinho esquisito, que a gente adorava. Vinha de brinde, engordurado, dentro dos salgadinhos.

Isso valia para todas as outras promoções, que nos presentavam com brindes e brinquedos incríveis... Não sei se era mais divertido naquela época. Pode ser que não. Mas as expectativas eram grandes, os comerciais para crianças abundavam na tevê, as ofertas sempre irrecusáveis, o bolso dos pais sempre vazios.

Ninguém morreu disso, que eu saiba.

(Quer dizer, uma ou outra criança pode ter engolido mais pecinhas do que devia e batido as botas. Imprudência da criança, certamente, que jogava a culpa nos fabricantes de coisas legais.)

Até que, em meados de 2000 e alguma coisa, o Ministério Público decidiu intervir e proibir esse tipo de venda, que afetou inclusive vários outros brindes que amávamos.

Esses caras não tinham filhos, não?

Aliás: esses caras não tinham mãe?

Algumas empresas, como nossa querida Elma Chips, viram-se encurraladas pela lei e tiveram de acabar com os Tazos, já que eles vinham dentro dos pacotes de salgadinho. Passaram então a investir em brindes virtuais, códigos para games no site... existe coisa mais sem graça que colocar código de produto em site? Raspadinha virtual deveria ser contravenção penal. Pena: assistir às sessões da TV Senado por trinta dias seguidos.

CAPÍTULO 2

Resumo da ópera: o governo tirou os brinquedos dos doces, provocou o divórcio entre os produtos e os brindes, acabou com empregos e fez crianças muito infelizes para sempre.

Até os comerciais de brinquedo, só de brinquedo, sofreram restrições de lá pra cá.

Órgãos como o Conar vetaram e continuam vetando propagandas que induzem de forma impertinente o consumo infantil. Será que isso é uma boa ideia, ou faz parte do jogo e o Estado não tem direito de proibir o que consumimos?

Não sei dizer. Não tenho respostas, mas garanto: do meu filho cuido eu. E aposto que tem um monte de bandido hoje por aí que entrou para a vida do crime depois que o pirocóptero saiu de circulação...

NÃO DÁ PRA SABER O QUE É MAIS NOSTÁLGICO: A COLEÇÃO DE TAZO DOS ANIMANIACS, O LEÃOZINHO COZINHEIRO DO KINDER OVO OU ESSE CHÃO DE CAQUINHOS QUE ERA OBRIGATÓRIO EM TODAS AS CASAS DA ÉPOCA, PRINCIPALMENTE NAS CASAS DE VÓ.

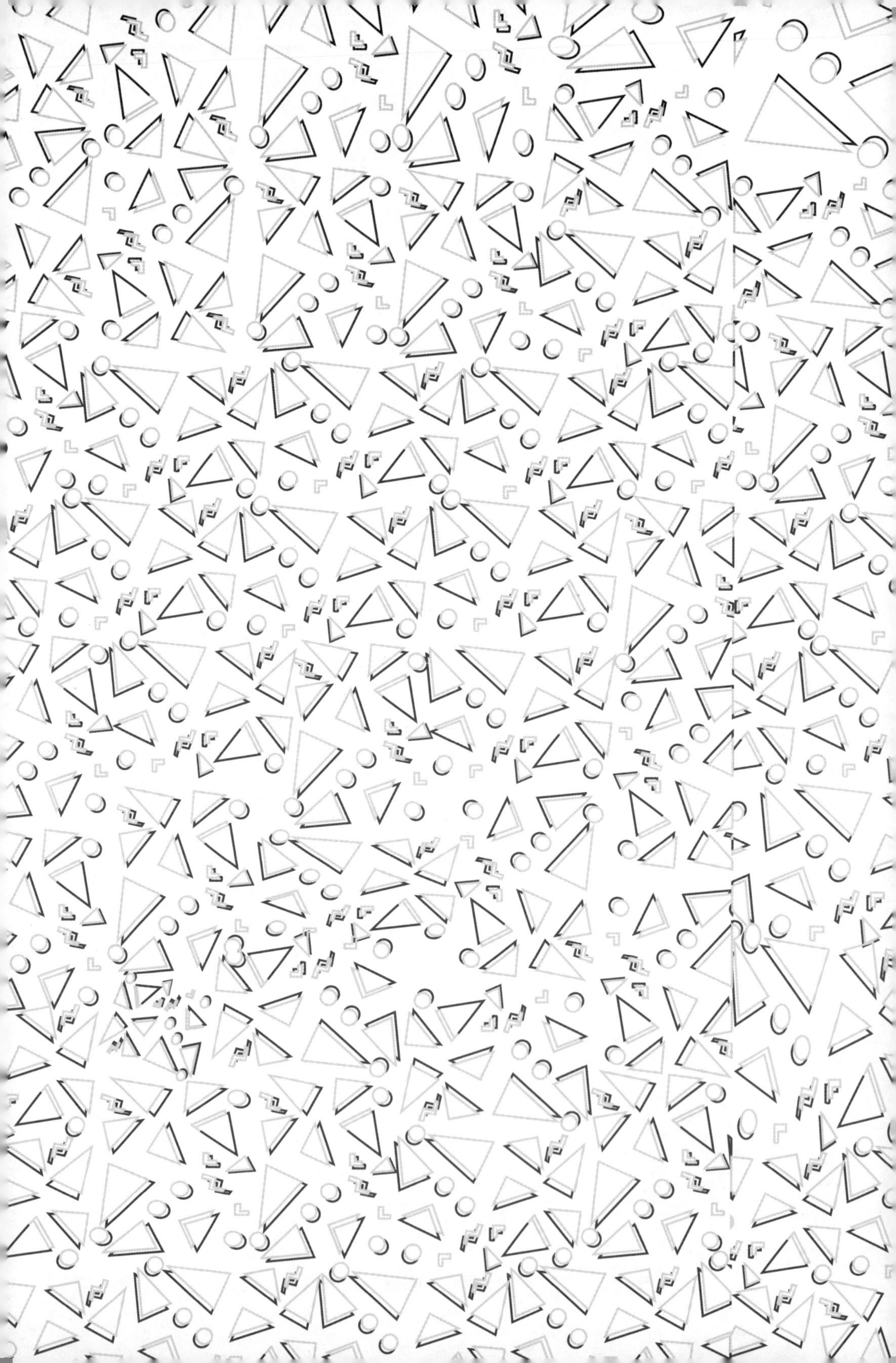

CAPÍTULO 3
ADMIRÁVEL BIPE NOVO

Falar sobre tecnologia me faz lembrar aquelas matérias do *Fantástico*, no comecinho dos anos 90, com o Maurício Kubrusly (aliás, ele morreu ou tá na Record?) prevendo que em 2015 as pessoas iriam conversar com hologramas para comprar pão na padaria. Fui crescendo e a única coisa que mudou nesse aspecto foi que os pães deixaram de custar 10 centavos cada.

Não faltaram previsões de que dali a vinte anos (e os vinte anos sempre são empurrados para a frente; quem sabe um dia as previsões se acertam com a cronologia) os carros seriam dirigidos sozinhos ou de que os robôs estariam vendendo churrasquinho em cada esquina. Quase trinta anos se passaram e, por enquanto, os únicos robôs que eu conheço atuam no *telemarketing* pra me fazer desistir de cancelar a internet.

Eu fui criança e quase adolescente nos anos 90 (acho que o termo *pré-adolescente* foi inventado depois, provavelmente em alguma matéria do *Fantástico*). Naquela época, tecnologia pra gente era *videogame*. Fim. Nós amávamos os cartuchos do Super Nintendo e do Mega Drive, mas queríamos saber como seriam os jogos em CD. Imaginem só: leitura a raio *laser*! Meu Deus, nada poderia ser mais perfeito do que isso!

Aí saiu o CD-i da Philips e comecei a aprender sobre as decepções da vida. Os primeiros jogos ou aparelhos que não funcionavam direito eram como o primeiro beijo que não funcionava direito.

Diferentemente dos games que vieram dos anos 70 e revolucionaram os 90 – e assim continuaram crescendo –, algumas tecnologias obrigatórias noutros tempos partiram desta para melhor na nossa querida década.

Os discos de vinil já entraram nos anos 90 bem enfraquecidos no mercado, mas ainda com vendas consideráveis nos primeiros anos. Meu irmão tinha um LP da Legião Urbana, aquele primeiro, de capa branca, que ostentava com orgulho na estante do quarto.

Já eu, que era mais novo, fui bem feliz com um LP da *TV Colosso* que tinha ganhado de aniversário, alguns do Trem da Alegria e o marcante *Xuxa 5*, aquele em que ela tá toda jovial na areia da praia.

Humm.

Presente da minha estimada tia. Aliás, criança nessa época de LP era profissional em estragar agulha do toca-discos e botar a culpa no gato ou no cachorro. O que aparecesse na cena do crime primeiro. Já culpei até a Lucélia, adorável faxineira que trabalhava em casa.

Apanhei por isso.

O mesmo aconteceu com as saudosas fitas K7. Deram uma espiadinha no alvorecer da década, porém com o tempo ficaram pra trás. Mas o mundo dá voltas, como dizem.

Por ironia do destino, a inovação digital usada nos CDs seria o fator da sua própria morte no final da década, com a chegada do Napster e da popularização do MP3. As fitas K7, além de compactas, tinham uma grande qualidade: nos ensinaram a criar *playlists* numa época em que a gente nem sonhava com Spotify, e nos mostraram como compartilhar músicas num tempo ainda sem MP3.

Poucas coisas eram tão satisfatórias quanto fazer sua seleção de músicas numa fita, usando aqueles aparelhos de som, geralmente da Philco. Meu pai tinha um. Os que tinham *tape deck* duplo eram perfeitos pra isso.

Fazer seleção de músicas não era coisa de pequena importância, não. No fundo, era quase uma forma de biografia, memórias de certo período da vida, manifesto político ou ainda declaração de amores frustrados que não voltariam jamais. Também de ativismo digital antes de eu saber que raio de coisa é ativismo digital.

Foi bem aí que entramos no submundo da pirataria, moleque: as fitas vinham de fábrica com um lacre para impedir a regravação, mas a gente logo aprendeu que um pedaço de durex ou até uma bolinha de papel resolviam o problema.

O mundo das gravações (quase) clandestinas também livrou nossos pais de pagar Kumon pra gente. Os mais mirabolantes cálculos tinham de ser feitos para definir se a música iria caber inteira naquele lado da fita, os segundos entre uma música e outra, e até se cortar aquele finalzinho chato de alguma música seria uma boa estratégia para ganhar uns vinte segundos na próxima do Pink Floyd.

A caneta BIC nunca saía do lado do aparelho de som para nos salvar dos perrengues da fita frouxa ou rebobinar no modo manual mesmo. O durex servia também para as cirurgias quando o caso era grave e a fita enrolava dentro das engrenagens. O medo de apanhar (dos irmãos, do pai, da mãe, do cachorro) nessa hora me transformou num exímio recuperador de fitas emboladas.

O ato de gravar música da rádio vez ou outra é lembrado com saudosismo por alguns, mas quem viveu essa época sabe o veneno que passamos pra conseguir a última dos Paralamas do Sucesso (que nome de banda, pensando bem) ou dos Engenheiros do Hawaii (idem) pra seleção *rock* nacional. Às vezes ficávamos horas com o dedinho no *REC/PAUSE* esperando a abençoada música tocar. E ela não tocava.

Quando tocava, o infeliz do locutor ainda tagarelava qualquer coisa ou tascava uma vinheta no meio da música para mostrar que a felicidade não vem sem sofrimento e desilusão. Poucas coisas davam mais ódio do que isso.

Na época, eu pensava que era sadismo do locutor, para atrapalhar nossa caprichada *mix tape*, mas depois fui descobrir que eles faziam isso porque tinham pacto com o demônio. Não, mentira: faziam para evitar que outras emissoras de rádio roubassem músicas que eram novidade no momento. Tarde demais: eu já havia aplicado voadoras em pensamento nos respectivos locutores.

Tanto as fitas K7 quanto os CDs deram vida a outros apetrechos tecnológicos.

O *walkman* foi lançado no finzinho de 70; então, durante os anos 90 ele já era um pouco ultrapassado entre os jovens que não tiravam a camiseta do Nirvana. Ainda assim, não deixava de ser um item cobiçado quando aparecia atado ao cinto de um felizardo pela escola.

Dividir o fone de ouvido do belíssimo *walkman* amarelo da Sony era coisa de amigo mesmo. Egoísta usava fone de arquinho. Já o *discman* era ostentação de peso aonde quer que você fosse. Ir pra escola ou pro catecismo (ainda sabem o que é isso, pagãos?) ouvindo o primeiro CD do Charlie Brown num *discman* Aiwa prateado era uma declaração de status.

Sabem a gambiarra que eu mencionei de colar uma fita na extremidade da K7 para poder regravá-la zilhões de vezes? Também funcionava com as fitas VHS. Fitas de batizado de primo, aniversário da irmã ou algum filme em preto e branco eram alvos fáceis, vítimas frágeis, para esse pequeno delito. Com uma fita na mão e uma ideia na cabeça podíamos gravar qualquer programa. Bastava ter uma tevê de tubo e um bom videocassete 4 cabeças. Isso era o ápice da tecnologia audiovisual.

Falando em audiovisual, havia uma figura quase mítica, nessa época, que atendia pelo nome de Hans Donner. É um alemão que trabalhava na Globo e representava o máximo da tecnologia a que um *Homo sapiens* podia chegar.

O gringo fazia lá umas artes, uns efeitos visuais com papel crepom e tal. O logotipo da Globo foi ele quem inventou. Nosso Steve Jobs naturalizado. Casou com a moça Globeleza e viveram felizes para sempre.

Voltando às fitas, o problema é que regravar fitas que não fossem suas quase sempre resultava em chineladas Rider, desavenças na família ou castigos que incluíam ficar uma semana inteira sem o Tamagotchi. Ou tudo isso duma vez só.

Direitos humanos, onde estavam vocês?

Eu lembro que uma vez gravei o filme do *Super Mario Bros* (sim, aquela lástima) bem em cima de uma fita de Boxe do meu pai. Ele não era boxeador nem nada, mas se orgulhava de ter gravado o fatídico episódio em que o Mike Tyson abocanhou a orelha (não era sexo, era boxe mesmo) do Evander Holyfield, em 97.

Aquele dia não terminou feliz para mim. Me senti o Evander Holyfield.

Já nos fins de semana, a alegria era incontrolável. Todo sábado pela manhã meu pai trazia uma fita da coleção da *Folha de S.Paulo*, acho que "Videoteca da criança". Tinha uns desenhos bem genéricos do *Peter Pan* e do *Sonic*, mas eu adorava. Dessas fitas ninguém podia gravar em cima. Já na coleção de filmes chatos aos quais ninguém assistia, isso era rotina.

Você colocava uma fita do filme *Surpresas do coração* e de repente começava o episódio do lobisomem do *Mundo da Lua*.

Uma boa lembrança que envolve as fitas de vídeo também eram as locadoras. Como era gostoso ir com nossos pais ou amigos escolher um filme para assistir no final de semana. Ter uma ficha de cadastro na locadora, as indicações dos funcionários, todo o processo de escolha...

Era um mundo pacífico e bom.

Essa paz só terminava quando você ia devolver o filme na segunda-feira e tinha se esquecido de rebobinar a fita. As multas eram abusivas e variavam de 50 centavos a 1 real (!),fora a cara de réu do funcionário da locadora, que te tratava como fora da lei.

Era o mundo real e ruim.

As telecomunicações também sofreram revolução nos anos 90. Depois que aposentamos os telefones de disco (em Minas, meu saudoso tio metia um cadeado nele), os aparelhos com teclado finalmente se tornaram comuns naqueles móveis de madeira que pesavam meia tonelada. Isso foi ótimo porque com eles dava pra jogar o Hugo, na TV Gazeta: uma pena que nunca fui atendido no programa e fiquei de castigo pela quantidade de pulsos gastos.

Mas voltando ao maravilhoso mundo das telecomunicações, eu acho que as coisas começaram a mudar com a chegada do esquisitíssimo *pager* ou bipe. Aquele aparelhinho pequeno, geralmente na cor preta, com um visor de calculadora e 2 ou 3 botões. Um belo dia, eu chego da escola e meu pai está com um desses, explicando como funciona.

Basicamente: você tinha de pegar seu telefone Intelbras bege ou correr com uma ficha no orelhão mais próximo (nesse momento, quem sabe até enfrentar uma fila) e ligar para uma central. Você, então, dizia para a telefonista de lá a mensagem que queria transmitir. A atendente anotava ou digitava, sei lá eu, tudo atentamente. Privacidade era o que não faltava aí, hein? Depois ela transmitia a mensagem para o dono do bipe.

Era uma espécie de *nude* informacional da época.

Meu pai era para mim uma espécie de descobridor de novas tecnologias, um Júlio Verne das inovações eletrônicas. Eu me lembro bem de ele chegar em casa com uma arma na cintura.

Fui conferir e não era arma, era o seu primeiro telefone celular.

A família toda correu pra ver a nova maravilha. Alguém deveria ter pegado a Kodak com filme de 36 poses para registrar o acontecimento. As calças do meu pai quase caíam devido ao peso do artefato, que ele havia comprado de terceira mão de um amigo do primo dele, mas ainda assim a euforia era grande.

Não me lembro de tê-lo visto fazendo ou recebendo uma ligação de verdade naquele aparelho, vai ver nem linha tinha. Já minha tia rica de São Paulo (todo mundo tinha uma tia e seus respectivos filhos ricos da capital, ou então eles nunca existiram de fato e seus pais contavam essa história como se fosse Papai Noel para adultos) certa vez chegou em casa com um outro modelo, esse mais leve e ajeitado. Era do tamanho de um misto-quente.

Logo na demonstração de uso, ela teve de trepar numa mureta que havia em casa pra pegar o sinal. Aquilo era cômico, mas fizemos questão de ignorar que ela se equilibrava num muro alto de concreto para ficarmos embasbacados. Os aparelhos de celular foram um sonho inalcançável nos anos 90. Ainda bem. Eu tinha medo de altura.

É preciso dizer que os escritórios também foram modernizados nesse período. Uma repartição de respeito tinha que ter um belíssimo aparelho sobre a mesa. Só quem viveu essa época sabe quão engenhoso era enviar um fax em perfeitas condições para alguém.

"Alô! Poderia dar sinal de fax, por favor?"

Já o ato de receber um fax era bem divertido e dava uma ansiedade até. Trocar a bobina daquilo era missão para profissionais e, como diria mestre Gil Brother, "doze homens fortemente armados".

Além das máquinas de xerox – cada vez menos comuns nas empresas hoje em dia –, não era difícil encontrar um mimeógrafo dando o ar de sua graça, principalmente nas escolas.

Escolas públicas recebem inovações tecnológicas com uns dez anos de atraso.

A professora chegar empunhando um desses mimeógrafos logo cedo era prova na certa. No mínimo exercício valendo ponto (trapacinha comum entre professores). Assim como a mágica do fax, que enviava e recebia documentos com texto e imagem pela linha de telefone (?!), eu também nunca entendi a bruxaria dos mimeógrafos.

Rodar aquela traquitana com álcool e dali saírem cópias na cor roxa era demais para a minha cabeça. Receber a folha molhada e sentir o cheiro de álcool que subia da prova de Matemática pode ter sido a primeira experiência no submundo das drogas de muita gente. Inclusive a minha.

Já os empresários não abriam mão de um belíssimo *Palmtop*. Ver alguém com um desses na mão já levantava suspeitas de que se tratava do político rico da cidade. Ou do bandido (olha o pleonasmo). Ninguém entendia muito bem como funcionava, se é que funcionava, mas a canetinha e a função *touch* impunham respeito.

A maioria tinha mesmo uma agenda eletrônica. Ter sua agenda, compromissos e, principalmente, saber a hora em todos os lugares do mundo numa agenda eletrônica era um luxo.

Eu sabia a hora em que não queria ir pra escola em todos os fusos horários existentes. Isso multiplicava minha agonia.

Na mesa não podia faltar um potente 486 amarelado com capa plástica para não pegar poeira. O Windows 95 era o comum, já o 98 era ostentação de máquinas potentes. Essas aí geralmente rodavam o jogo da *Carmen Sandiego* em disquete sem travar muito.

Aliás, se tem um acessório que foi amado e odiado nessa época foi o disquete. Amado eu não digo, mas ligeiramente querido, já que era a única forma de se carregar arquivos de um computador pro outro antes da chegada dos CDs e *pendrives*. Servia basicamente para salvar arquivo de Word, Excel e Bloco de notas. Apenas salvar, porque abrir em outro computador era exigir demais. Salvava no disquete e não havia quem abrisse aquilo. Coisa de serviço secreto.

Os disquetes também foram utilizados para jogos, ou seja, mais uma maneira de passar raiva com eles.

O Maurício Kubrusly (saudades!) também disse certa vez que a internet teria a imagem de pessoas reais conversando entre si numa espécie de tela flutuante invisível. Aquilo seria o mais alto que a tecnologia poderia nos levar.

Não tivemos telas flutuantes invisíveis, mas de fato a internet chegou para mudar nossa vida e o mundo. A geração 90 se orgulha – e com razão – de ter visto a internet nascer, da forma mais precária e inocente possível. Comerciais, reportagens no jornal e matérias na tevê prometiam um novo mundo de possibilidades infinitas e revolucionárias, que a gente sequer podia entender.

No fim das contas, terminamos a década usando um discador do IG com o mascote do cachorrinho e o barulho infernal que o *modem* fazia para se conectar. Ou pelo menos para tentar se conectar.

Tudo isso, claro, depois da meia-noite para pagar um pulso só.

MOTOROLA
Digital

A FATÍDICA FITA DO BOXE DE 97 QUE SE TRANSFORMOU NO FILME DO SUPER MARIO (E QUASE CUSTOU A MINHA VIDA).

CAPÍTULO 4

UMA DÉCADA NA BOQUINHA DA GARRAFA

"Pagode na Cohab, no maior astral"

Imagine a cena: domingão com sol de rachar mamona, seu tio já alcoolizado assando carne numa engenhosa churrasqueira feita de tijolinho baiano, família toda reunida no fundo do quintal, seu pai contando alguma piada cabeluda, aquela piscina azul de mil litros com 10 mil crianças dentro e, claro: Raça Negra rolando no CD *player*. Assim era um típico dia de verão nos anos 90.

A bendita "crítica especializada" (afinal, quem liga pra ela?) bem que tentou marginalizar o pagode, principalmente nos anos 90, mas foi como tacar pasta de dente em queimadura: só piorou as coisas. A década acabou virando terreno para a ascensão do estilo musical. Crianças se divertiam com o Molejão no *Xuxa Hits* enquanto comiam bisnaguinha com Cremutcho, adolescentes sofriam por amores, decepções e outras desventuras ao som do Soweto e os adultos sabiam de cor todas do Só Pra Contrariar. O pagode estava no toca-fitas do Monza, na confraternização de fim de ano da firma, na festinha da escola, no boteco da esquina. Até mesmo quem não gostava de pagode, gostava de pagode.

Os pagodeiros invadiram as rádios, as lojas de discos, os programas de tevê. Sintonizar no *Domingo legal* era ter a certeza de ver Negritude Junior, Katinguelê, Art Popular ou algum outro grupo de pagode, quase sempre com terninho centropeito com ombreira, camisas com estampas psicodélicas, cabelinho besuntado de Kolene e muita ginga para fazer as gloriosas dancinhas coreografadas. Era um cantando todo sorridente e nove fazendo a dancinha atrás. A febre do pagode foi tão forte que eles ditaram até moda: a Mesbla se encheu de modelitos coloridos e viseiras à la Rodriguinho, dos Travessos.

Minha experiência nesse caldeirão todo foi se transformando com o passar dos anos. Quando criança eu gostava de pagode, na adolescência me rebelei e passei a odiar pagode (eu era pagodeiro enrustido), e hoje em dia sou o primeiro a levar o *pendrive* com Raça Negra no churrasco. Só sinto falta da churrasqueira de tijolinho baiano caindo aos pedaços. *Gourmetizaram* a churrasqueira.

As boy bands e os 40 graus de febre

Se os anos 80 tiveram New Kids on the Block e Menudo, nossa amada década não poderia deixar barato. Vindos da Flórida, os cinco rapazes do Backstreet Boys chegaram para mostrar que a nova era das *boy bands* só estava começando. Não havia uma única adolescente que não morria de amores por esses caras. Dos recortes de revistas *teen* às letras escritas com caneta gel no diário, os Backstreet Boys estavam em todas.

Se o *Gugu na minha casa* fosse ao quarto de uma adolescente na época, não precisava nem pedir: era certeza de achar pelo menos um CD da banda, uma coleção de papel de carta e uma discreta Minancora na latinha cor laranja – porque ninguém é de ferro.

Pegando o gancho do sucesso, o mesmo empresário lançou um tempo depois a galerinha do 'N Sync. Mais uma tonelada de discos vendidos, mais capas de revista *teen* com testes do tipo "ele realmente gosta de você?", mais turnês mundo afora.

Mas é claro que o Brasil também teve uma safra de *boy bands* pra garota (que usava camiseta Side Play e calça bailarina) nenhuma botar defeito. Também migrados de 80, mas que tiveram uma explosão em 90, os conjuntos Polegar e Dominó arrebataram o coração das meninas e, principalmente, as carteiras dos pais delas, e durante um bom tempo foram as bandas de maior destaque no estilo.

Fugindo das dancinhas coreografadas que faziam o tipo do Dominó, o grupo Polegar preferiu apostar na molecada com instrumentos no palco, o que fez as duas bandas seguirem caminhos diferentes (mas numa linha bem próxima).

Outra que teve seus momentos de glória entre a juventude que recarregava pilha no congelador foi a banda Twister. Formada no finzinho de 90, o grupo com nome de sorvete teve seu *boom* mesmo com o *hit* "40 graus".

MEU AMOR
ESSE AMOR
DÁ QUARENTA GRAUS DE FEBRE
QUEIMA PRA VALER
QUEIMA PRA VALER

Inevitavelmente a música virou febre nacional, por mais indecente que pareça esse trocadilho. No entanto os anos passaram e o vocalista Sander teve problemas com drogas e as coisas começaram a despencar. O mais triste dessa história é que até hoje tem gente que diz que eu sou parecido com esse Sander (?). Minha vez de ter febre.

Mas nem tudo era *boy band* de sucesso explosivo. Rolaram alguns grupos de que muita gente nem se lembra mais hoje em dia, mas que já foram a coqueluche de outros tempos. Quem diria que os assistentes de palco da Xuxa virariam uma banda, mesmo que por pouco tempo?

Vestidos de soldadinho de chumbo (!), os Paquitos apareciam sempre muito alegres com coreografias esquisitíssimas no *Xou da Xuxa*, enquanto se revezavam entre ajudar a loira a descer da nave e a servir o café da manhã no programa. Eu particularmente gostava mais deles servindo café mesmo.

Outro grupo quase esquecido – mas que nos faz lembrar os tempos áureos da nossa infância em que fazíamos "dança de rua" nas horas vagas – é o You Can Dance. Sempre balançando o esqueleto no *Xuxa Hits* ou no *Planeta Xuxa*, os caras chegaram a lançar várias músicas nos anos 90. Uma delas foi até parar no filme *Xuxa requebra*. Para quem pensou que eles eram mudos e só dançavam, olha aí a revelação. Por outro lado, o mais chocante pra mim foi descobrir que o Fly não era filho do Carlinhos de Jesus.

O pop, o dance e o poperô

A música *pop* também foi um fenômeno na década do Tamagotchi. Mais consolidada do que nunca, Madonna continuou seu sucesso avassalador nos anos 90, dessa vez flertando com a *house music*. As festinhas regadas a Keep Cooler também foram palco de outros ídolos como Shakira, Whitney Houston, Christina Aguilera e Britney Spears.

A essa altura, Ricky Martin já era um *popstar* bem longe dos Menudos. Mal sabíamos a avalanche de polêmicas envolvendo essa galerinha do barulho que surgiria nos anos seguintes.

Mas poucas bandas foram tão arrebatadoras quanto as Spice Girls. Me lembro das amigas da minha irmã fazendo as dancinhas na frente do espelho enquanto tocava um *Wannabe* ou *Stop* em volume máximo no rádio. A desavença só começava na disputa para decidir quem seria quem do grupo. Aí voava até tamanquinho da Tiazinha.

Nessa época, bandas de sucesso vendiam de tudo. No caso das Spice Girls: roupas, bonecas, pirulitos (que vinham inclusive com figurinhas adesivas) e até desodorantes. Eu fico imaginando um fã do Latino indo atrás do desodorante dele. Deve ser o Avanço.

A música eletrônica se reinventou. *House*, *techno* e *drum 'n' bass* passaram a ecoar por aqui e viraram mais do que nomes legais de se pronunciar em inglês. Bandas como 2 Brothers on the 4th floor, Culture Beat e até o Daft Punk vieram dessa época. E foi bem aí que, no Reino Unido, uma banda chamada The Prodigy nasceu para se tornar a maior referência dos ***clubbers*** – tribo urbana que se originou nos anos 90.

Roupas com cores chamativas, estampas psicodélicas, maquiagens extravagantes e cabelos cintilantes: assim eram os *clubbers*, uma espécie de fãs de Restart que tomavam LSD e moravam na Europa. Não demorou muito e no Brasil a moda também pegou, fazendo brotar inúmeras casas noturnas como a Broadway, o Studio 1250 e a Hell's Club, que viraram ponto de encontro pra essa galera.

O Brasil estava gostando da ideia de um novo estilo musical que não fosse necessariamente a lambada, quando de repente uma moça chamada Corona dominou as rádios com o clássico "The Rhythm of the Night". Uma brasileira que morava na Itália cantando música em inglês? Ninguém entendeu absolutamente nada, mas finalmente o Brasil abraçava de vez a *eurodance*, que nada mais era que a *dance music* europeia.

Músicas enérgicas e altamente dançantes, quase sempre com vocalistas que a gente mal sabia distinguir um do outro. Na Europa, a bagunça era grande: grupos de *eurodance* surgiram, se misturavam e se revezavam entre si numa inacreditável suruba salada de frutas com Milani.

Não demorou muito e o estilo recebeu APELIDO aqui no Brasil: **poperô**. Repito: poperô. Brasileiro é antiético até quando vai botar apelido. Assim era chamada a *eurodance* por aqui. Tudo isso por causa da música "Pump Up The Jam", da Technotronic, uma das precursoras do estilo. É que a galera ouvia "*pump it up*" no refrão e entendia "poperô". Sem muita cerimônia, assim foi batizado o estilo musical europeu em terras tupiniquins.

As discotecas (hoje chamadas pelos jovens de balada?) viraram enormes máquinas de tocar *eurodance*. Jovens com suas calças *jeans* na altura do umbigo, cabelos esvoaçantes e seus tênis Le Cheval dançavam nas pistas como se não houvesse amanhã. Só que o amanhã chegou e descobrimos anos depois que a brasileira Corona não era quem cantava o famoso *hit*. Apesar de ser, sim, uma cantora profissional, ela era dublada nessa e em outras músicas do grupo. Uma espécie de Milli Vanilli que canta.

O axé que fez a cobra subir

Quando o Luiz Caldas começou a balangar a cabeleira lá nas ladeiras da Bahia em meados de 85, ninguém poderia imaginar que aquele "Fricote" se tornaria um novo estilo musical: o axé.

O Carnaval na Bahia – que já era famoso – foi ficando ainda maior, novos artistas experimentando ritmos e batidas diferentes e um povo sedento por músicas calorosas pra cantar e pular no verão. Estava armado o plano perfeito pro axé germinar pelo Nordeste e em pouco tempo tomar o Brasil todo. Do Olodum passamos a pular feito pipoca com o Araketu, degustando de sobremesa um Chiclete com Banana. Um cara chamado Netinho e seu inseparável boné também dominaram todas as estações de rádio com a "Milla" e suas mil e uma noites de amor.

Aí, num piscar de olhos, uma moça chamada Daniela Mercury estava no Faustão com "O canto da cidade". E também no *Bem Brasil*, no *Xuxa Hits*, no Gugu, na Mara Maravilha e, principalmente, nos carnavais da vida. Todos eles. Eu sempre tive a impressão de que a Daniela Mercury é onipresente.

Foi então que o trem elétrico engrenou e não parou mais. Começaram a surgir bandas com nomes de perfume da Avon que logo caíram na graça do povo: Cheiro de Amor, Banda Mel, Banda Beijo,

Banda Eva e mais uma tonelada de artistas, que arrastaram multidões pelo Brasil afora. O axé virou sinônimo de sucesso, de fervor e também de dançar no meio da festinha de aniversário.

A essa altura as garotas já estavam dançando axé de *shorts* curtos e *top* em frente à tevê enquanto moleques como eu cantávamos a "Dança da manivela" sem entender o que estava por trás daquilo.

Na metade dos anos 90, o axé saiu definitivamente da Bahia pra confundir de vez o povo. Bandas como Terra Samba, Gera Samba e Companhia do Pagode, que em tese eram obviamente de pagode e samba, passaram a ser chamadas simplesmente de bandas de axé. De repente, tudo virou axé, pra alegria de muitos e desespero de outros.

Até o axé virou axé.

A banda É o Tchan! fez parte desse balaio e certamente foi uma das mais marcantes da geração. Todas as meninas queriam imitar a Carla Perez, dançando freneticamente sem a menor malícia perante os familiares na feijoada de domingo.

Dançar na boquinha da garrafa virou brincadeira de rua, passatempo pra crianças e idosos que se esqueceram de tomar seus remédios. Passar por baixo da cordinha virou desafio de churrasco, brincadeira de retiro, traquinagem de recreio. Nesse período, o Brasil se transformou num enorme grupo de axé com alguns milhões de integrantes.

Mas uma coisa é verdade: viajamos o mundo pegando carona com o É o Tchan!. Desbravando as matas, conhecemos a fundo as selvas brasileiras balançando entre os cipós. O clipe "Tchan na selva" era sensacional: Sheila Mello e Scheila Carvalho abraçando cobras (*cof-cof!*), afagando macacos (humm...) e acariciando elefantes (...). Uma verdadeira obra-prima do audiovisual brasileiro.

Conhecemos também o Japão com a trupe do É o Tchan!. A emblemática "Ariga Tchan" não tinha somente um nome genial, ela trazia também belíssimos versos. Foi nessa canção que descobrimos que o samurai não queria apenas *sushi* pra comer, ele queria ainda ver bumbum mexer e, de quebra, amarrar o tchan. Eita samurai ordinário.

Tudo isso num clipe em que o Compadre Washington se vestiu com uma enorme roupa de seda vermelha jurando que estava parecendo o tal samurai, mas o que vimos foi um figura que parecia estar saindo de roupão de um motel impossível de se localizar no GPS.

Depois de uma viagem inesquecível no Havaí, foi a vez de a música "Ralando o Tchan" nos levar até o Egito. Que viagem inesquecível. Em meio às amenas temperaturas do deserto, serpentes e camelos rodeavam Compadre Washington e seus amigos. Tudo isso num clima de alegria e paixão sob o olhar criterioso do califa, que observava tudo atentamente, como bem detalha a letra dessa admirável canção:

O CALIFA TÁ DE OLHO NO DECOTE DELA
TÁ DE OLHO NO BIQUINHO DO PEITINHO DELA
TÁ DE OLHO NA MARQUINHA DA CALCINHA DELA
TÁ DE OLHO NO BALANÇO DAS CADEIRAS DELA

Eis então que ao final da música descobrimos que as Sheilas, com suas danças exóticas e rebolado ímpar, fizeram a cobra subir. A cobra subir. A cobra subir.

O traumático nessa história toda foi demorar alguns bons anos pra descobrir o que realmente era a cobra. A boquinha da garrafa. O pau que nasce torto. O que estava por trás daqueles nove meses em que veríamos o resultado. A dancinha do põe-põe. E o mais terrível de todos: o kibe. Maldito seja o kibe. Bendito seja o kibe.

"Eu só quero é ser feliz, andar tranquilamente na favela onde eu *naisci*..."

Apesar de o *funk* ter surgido em meados dos anos 70, ele tomou força de verdade no Brasil no começo dos anos 90 com a mescla do *rap*, do *break* e de todo aquele peso do *hip hop* das terras do Tio Sam. Por aqui, o *funk* virou febre inicialmente no Rio de Janeiro, mais especificamente nos morros. Isso refletiu nas letras que começaram a falar sobre as comunidades, as dificuldades da favela e a violência.

Ficaram notórios nessa época também os bailes de briga nos clubes. Enormes grupos de diferentes comunidades se provocavam durante o baile: de repente tudo virava uma pancadaria generalizada. Tipo uma batalha campal de *O senhor dos anéis* em que em vez de elmos eles usavam bonés da Chicago Bulls com menos de 8 linhas. Em contrapartida, o "Rap do Pirão" foi a primeira música a levantar a bandeira branca e clamar pela paz nos bailes. Um hino dos anos 90.

Enquanto isso, o tal *funk melody* foi ganhando cada vez mais espaço e assim começaram a surgir vários artistas na mídia. Guilherme Jardim foi um dos primeiros a despontar. Na sequência vieram Funk Girls, ali no comecinho de 90, Latino, MC Marcinho e a dupla que ganhou o coração do Brasil: Claudinho e Buchecha.

De sorriso fácil, letras românticas e muito carisma, a dupla foi responsável por tirar o *funk* da periferia e levá-lo às rádios e aos programas de tevê de maior sucesso. As coreografias divertidas conquistaram as crianças. Eu me lembro de dançar Claudinho e Buchecha com meus primos nas festas de aniversário, no recreio da escola, no chão de terra batida lá de Jacareí. Enquanto uns torciam o nariz para o marginalizado ritmo, outros abraçavam a ascensão do *funk* nacional. Mas ao mesmo tempo que esses artistas explodiam na mídia pelo Brasil, outros como Cidinho e Doca, Márcio e Goró e Johnny B. (quem se lembra do "Sonho de verão?") eram a sensação dos bailes.

A *black music*, com pitadas de *R&B*, *soul* e do próprio *funk*, também agradou o povão. As gêmeas Potiara e Potiguara – mais conhecidas como Pepê & Neném – deixaram o subúrbio e com muito esforço foram a Niterói tentar a carreira musical. Em 1999 a dupla lançou seu primeiro e mais emblemático disco, com os *hits* "Mania de você" e "Mais uma vez". Venderam mais de 150 mil cópias e viraram ídolos nacionais. Muitos anos e polêmicas depois, ainda hoje eu coloco Pepê & Neném pra tocar no carro e canto sem medo de ser feliz. Com a mesma felicidade, cantarolo as canções da Fat Family, grupo de peso – literal e metaforicamente – que surgiu também no final da década, balançou os pescocinhos e caiu na graça do público logo no primeiro disco.

A essa altura o DJ Marlboro já produzia uma pancada de MCs; o Brasil conheceu o Furacão 2000 e foi gostando cada vez mais da ideia da popularização do *funk* até nos bairros nobres das capitais. Cashmere, Mc Bob Rum (com o inesquecível "Rap do Silva"), Copacabana Beat e mais uma enxurrada de cantores pegaram o embalo do *funk melody*, que já tinha virado patrimônio do Brasil. Cidinho e Doca também fizeram história. Até hoje, quando toca o "Rap da felicidade" – "Eu só quero é ser feliz/ Andar tranquilamente na favela onde eu nasci" – a galera lembra, vibra, canta junto.

Pra você ter uma ideia do sucesso do ritmo na época, até a Xuxa e a Angélica chegaram a gravar *funk*, num tempo em que se divertir e dançar eram prioridades na música. Triste pensar como as coisas mudaram de uns tempos pra cá...

Coração sertanejo

Que atire o primeiro pedregulho quem nunca gastou o gogó cantando um sertanejo *noventista* no karaokê. Latinha de Bavaria na mão, camiseta surrada da Expomusic 97, abraçando o camarada já meio capenga enquanto as tias faziam o *backing vocal* no fundão do botequim. Em eventos de bingo na pizzaria, nos quais você concorria a uma Caloi de 21 marchas, sempre rolavam um Chitãozinho e Xororó, Rick e Renner ou aquele Leandro e Leonardo sincero. Quando a agulha parava no João Paulo e Daniel era pra abraçar o copo e chorar bonito.

O sertanejo raiz de outras décadas deu lugar ao romantismo, aos versos de amor, e vez ou outra aos teclados de churrascaria. A viola de cocho foi deixada de lado e em seu lugar entraram algumas guitarras (?), os *mullets* no ombro, cabelinho pega-rapaz na testa e as belíssimas jaquetas cheias de franjas.

Eventos de música *country* se esparramaram pelo Brasil todo. Duplas sertanejas que passaram anos tocando em bodegas do interior agora se apresentavam para milhares de pessoas em shows gigantescos. Na minha cidade não foi diferente. Criaram um evento *country* anualmente numa escola agrícola que existe aqui. O nome era Fapija – nossa humilde Festa de Barretos. Eu lembro que assistir à apresentação com touros era proibido pra nós, infantes. Hoje penso que deveriam proibir isso pra todo mundo.

De manhã nossos pais nos levavam lá pra comer morango coberto com chocolate, comprar bola do Kiko, passar a mão na crina dos cavalos. Num dia de sorte eu consegui até andar de pônei (nem sei se isso é ilegal hoje em dia), e os balões não custavam o preço de uma lancha nessa época. À noite rolavam os shows.

O sertanejo era o novo fenômeno nacional. Canções falando sobre cerveja, festas e outras algazarras também tomaram corpo – e ajudaram a entornar copos – nos anos 90. Nessa época, ou a música sertaneja falava sobre amor, bebidas, saudades, ou: sobre Goiânia. Ou tudo isso numa única letra. Algumas vinham carregadas de duplo sentido e safadeza também. Eu acho que os caras estavam ouvindo muito É o Tchan!.

Os 90 também foram década de rock, bebê!

Meu irmão tinha uma velha caixinha verde de fitas K7, a maioria de coletâneas feitas da rádio. Ele tinha uma do Nirvana também. Os encartes ele mesmo fazia com caneta ou nanquim. Faz mais de vinte anos que não vejo um nanquim. Nem aqueles lápis 6B que eram o máximo na época. Meu irmão também tinha uma banda que nunca fez um show: se chamava Falsidade Ideológica. Todo mundo legal tinha banda na época. Mesmo que imaginária.

A década começou desnorteada com a triste morte do Cazuza em consequência da aids – ainda tratada na tevê como uma doença quase desconhecida e fatal –, além do fim melancólico não declarado do *rock* de 80. Todo mundo parecia tentar entender o que vinha pela frente. Como num *take* de *Pet Sematary*, o *rock* ressuscitou com uma guitarra na mão e um revólver na outra: o *Nevermind* do Nirvana era lançado.

Apesar da baixíssima expectativa do trio liderado pelo caótico Kurt Cobain, as vendas ainda naquele ano impressionaram o mundo. Os poucos televisores Sharp de 14 polegadas que tinham MTV já começavam a anunciar o novo ídolo do *rock*. Adolescentes tentavam entender o que era o *grunge*, os *jeans* rasgados, as camisas xadrezes surradas, as jaquetas do Hard Rock Café. Os quartos, inclusive o do meu irmão, estavam cheios de pôsteres. As portas dos guarda-roupas também. De uma hora pra outra, tava tudo na revista *Bizz*, nos programas de rádio, nas coletâneas de fita K7, nos rabiscos de caderno. Ninguém escapou da avalanche Nirvana. Ainda bem.

O sucesso continuou com o disco In Utero, mas pela primeira vez os jovens de 90 viam (quase) de perto o que nossos pais nos contavam nas tardes nostálgicas em frente a um aparelho de som gigantesco com carrossel de 3 CDs: sobre os roqueiros de antigamente. Drogas, guitarras quebradas, rebeldia, violência e música – não necessariamente nessa ordem. O rock estava vivo de novo. Tão incompreensível quanto a ascensão da banda foi Kurt aceitar fazer um acústico MTV, no final de 93, exigindo lírios brancos e velas, como em um funeral. Cinco meses depois, Kurt Cobain foi encontrado morto com um tiro, deixando uma carta de despedida. Foi tudo tão rápido e tão confuso que em meio a tudo isso eu mal pude aprender a copiar de uma fita K7 pra outra no rádio do meu irmão. Era complicado demais pra eu entender. A fita e a morte do Kurt.

Enquanto o mundo se despedia de Kurt Cobain, o Brasil retomava o gosto pelo *rock*. As bandas que migraram de 80 ainda mantinham os copos do *rock* bem cheios. Legião Urbana, Capital Inicial, Ultraje a Rigor, Ira!, Paralamas do Sucesso, Engenheiros do Hawaii, Biquíni Cavadão... ainda era divertido curtir bandas nacionais de *rock*.

Surgia o Skank – uma das maiores revelações do *rock* mineiro na época –, de mãos dadas com Jota Quest e Pato Fu. Vimos também um pirado andando de *skate* pelos palcos dos programas de tevê mais improváveis, gritando algumas frases quase incompreensíveis até então: os caras do Charlie Brown invadiram a cidade. O segundo CD dos caras, *Preço curto, prazo longo*, foi o primeiro que eu comprei com a minha própria grana numa loja de discos da cidade – e isso me marcou bastante. Outra que tinha a rebeldia correndo nas veias era a Cássia Eller (e sua incomparável voz). Haja saudade.

Com a mesma atitude, só que com a audácia de misturar o forró de Gonzaguinha com o *punk* dos Ramones, surgiam em 94 os Raimundos. Quem nunca cantarolou "Selim" perto dos familiares sem entender exatamente o que estava falando? O *lavô tá novo* só consolidou o sucesso dos caras, que a essa altura jamais podiam imaginar que um dia o Rodolfo sairia da banda para se tornar um religioso, crítico de drogas e das músicas sujas dos próprios Raimundos. Eu acho que até de café descafeinado o Rodolfo virou adepto.

Assim como aconteceu com o triunfo do Planet Hemp, o Brasil passou a gostar da ideia de jogar no liquidificador o *rap* com uns tecos de *rock*. "Legalize Já" virou *hit* nacional, para euforia de muitos e descontentamento de outros. Dessa fonte da qual o Chorão também bebia, O Rappa deu as caras inicialmente com Nelson Meirelles em sua formação, na época produtor do Cidade Negra, outro êxito da década. Eu lembro que meu pai tinha uma fita original do Cidade Negra, e isso era tipo ter bidê em casa. Poucas pessoas tinham bidê em casa.

Os *riffs* de mais de dois minutos e os guturais também tiveram seu lugar ao sol aqui no Brasil. Bandas como Angra e Sepultura sempre estavam presentes no *discman* da galera que ia pra escola de sobretudo e bracelete de espinho, como aqueles da fase The Pit do *Mortal Kombat*.

Quem dera pudéssemos prever os amores e dissabores de 1994. Ainda assim, o Brasil estava prestes a conhecer seus maiores ídolos. De repente o país inteiro se viu rachando o bico em frente à tevê num domingo à tarde: era a vez dos Mamonas Assassinas. Deixando a Utopia de lado, aqueles cinco caras de Guarulhos que havia anos tentavam o sucesso explodiram com o lançamento do primeiro e único álbum, em 95. Mais de 3 milhões de discos vendidos. Uma média de 9 shows por semana. Milhões de fãs pelo Brasil.

Apesar das letras cheias de duplo sentido e alguns palavrões, o sucesso foi maior com as crianças. Eu me lembro de ter ganhado o CD dos Mamonas, e ouvi e dancei todas as músicas naquele mesmo Micro System Aiwa. As brincadeiras com meus irmãos e primos quase sempre resultavam em fingir ser os Mamonas Assassinas, e a briga sempre era para ser o Dinho. Aquela mistura de estilos, as letras escrachadas que a gente mal entendia, as roupas extravagantes, a energia daqueles caras ao vivo... tudo era bonito demais.

Rolava um verdadeiro duelo entre as emissoras na época pra levar a banda pros seus programas, principalmente aos domingos. A audiência de quem levava os Mamonas dobrava, era surreal. As bandas tinham medo de fazer shows na mesma cidade que eles, já que todo mundo só queria Mamonas. Nunca o termo *febre nacional* fez tanto sentido. A única coisa que me doeu foi nunca poder ter ido a uma apresentação. Essa é uma das bandas de cujo show ao vivo a pessoa que conseguiu ver se vangloria até hoje. E com razão.

Mas dor de verdade eu fui sentir poucos meses depois. Em 2 de março de 1996 toda a banda faleceu em um acidente aéreo, voltando de um show em Brasília. Aquele mesmo Brasil eufórico e feliz que dançou "Vira-vira" agora chorava em silêncio. As reportagens de tevê, as manchetes sensacionalistas, os jornais que ainda eram lidos e as vozes na rádio narravam exaustivamente o triste fim dos Mamonas. Naquele melancólico final de verão de 1994, a Brasília dos Mamonas fechou suas portas "pra mode a gente" chorar. E muito.

O *rock* nacional também teve seu momento *freak*. Os Virgulóides pegaram carona no bonde dos Raimundos, mas mandaram bem com o *hit* "Bagulho no bumba". Toda criança cantou essa pérola sem imaginar o que estava por trás daquele "bagulho que acharam no banco de trás". Também teve gente nova no pedaço com cabelos dourados nos ombros e guitarra na mão: Vinny e a emblemática "Heloísa, mexe a cadeira". Sem falar naquele *feat* com a Suzana Alves: "Uh! Tiazinha". E se em São Paulo – mais precisamente em São Bernardo do Campo – conhecemos o Mauricio Manieri, no Rio tínhamos o LS Jack e aquela canção da Carla, perfeita pra ser cantada em formaturas pulando e abraçando os amigos bêbados.

"Nos estrangeiro" – como diria minha querida avó – o *rock* ia muito bem, obrigado. O Foo Fighters chegou nesse mesmo 94 pra se tornar uma das maiores bandas das últimas décadas. O Oasis veio pra levantar de novo o *rock* britânico com todas as forças. O Pearl Jam também experimentou o sabor do sucesso absoluto, mesmo com os problemas que tiveram entre 94 e 95 ao boicotarem a Ticketmaster, empresa que teria cobrado uma taxa extra nos ingressos da banda sem o consentimento deles. E olha que a Ticketmaster nem é operadora de telefonia brasileira, viu. Imagina se fosse.

Bandas sobreviventes de décadas passadas como Stone Temple Pilots, Metallica, Iron Maiden, Alice in Chains e tantas outras em geral mantiveram sucesso durante os anos 90. O *punk* – ou sua vertente mais *pop* – ganhou um novo gás. O Green Day, que surgiu em 86, acertou na veia mesmo em 92 com o disco *Kerplunk*, assim como o Offspring decolou no mesmo ano com *Ignition*. Tanta inspiração fez surgir bandas extremamente criativas no estilo, como MxPx (só eu era viciado no *hit* "Responsibility"?), a canadense Sum 41, o Bowling for Soup e aqueles clipes maravilhosos e, claro, a lendária Blink 182, uma das que mais surfaram no sucesso do *pop punk* daqueles tempos. O *rock* parecia ter mais vigor pro lado de lá.

Alguns anos se passaram e, enquanto a ovelha Dolly era clonada em 1996 lá no Reino Unido, o *rock* respirava com a ajuda de aparelhos aqui no Brasil. Revistas especializadas precisaram se reinventar, as rádios já não olhavam as guitarras com os mesmos olhos e nessa época só a MTV livrava os jovens do novo disco do Tiririca.

Se por um lado Coldplay, Nightwish e Linkin Park surgiam pra dar uma sobrevida ao estilo, Slash surpreendia o mundo ao deixar o Guns N' Roses. Naquele mesmo sombrio outubro de 96, o Brasil veio abaixo: no dia 11 o vocalista e compositor da Legião Urbana, Renato Russo, morreu decorrente de complicações causadas pela aids. Uma perda difícil de ser superada por toda uma geração que se imaginava revolucionária, poeta, quase rebelde. Que não tinha mais o tempo que passou – mas tinha ainda todo o tempo do mundo.

M.C. SAR & THE REAL McCOY
SPACE INVADERS
MIN
ON/OFF

MOMENTO DE DOR E DESESPERO (ALIVIADO PELO FAMIGERADO DISCO DA XUXA, AO FUNDO, QUE GANHEI DA MINHA TIA).

CAPÍTULO 5

OS BRINQUEDOS E SUAS FRUSTRAÇÕES

Os anos 90 foram os últimos anos de muitos brinquedos; se não deixaram de existir, completamente, sua popularidade acabou. É claro que o Brasil é grande e existem milhões de pessoas – crianças, principalmente – que não têm acesso a tantos aparelhos eletrônicos, à internet, a jogos virtuais, como nós temos.

É importante não se esquecer disso: tem uma galera aí, em muitos cantões do país, sem as mesmas facilidades que nós.

Mas, como eu dizia, em termos de popularidade midiática e industrial, vimos alguns deles darem os últimos suspiros na década de 90. O pião de madeira é um dos mais antigos. Faz parte daquelas coisas sem data certa de quando foi criado – sabe lá Deus quem chutou mais de 4000 a.C.

Naquela época, não existiam muitas lojas gigantes de brinquedos, como aquela do filme *Esqueceram de mim*. Alguns brinquedos a gente comprava no mercadinho do bairro, no armazém ou no boteco mesmo. Aliás, eu gostava de como os botecos dessa época se esforçavam pra agradar as crianças. Ao lado da garrafa de cachaça com um escorpião dentro tinha um jogo da memória. Jogo do mico. Umas caixas de bombinha. E *bombardas*: o aumentativo de bombinhas.

Mas é claro que nem tudo eram brinquedos simplórios. Poxa, estamos falando dos anos 90, época em que a gente se sentia muito tecnológico por ter um Micro System com carrossel de 3 CDs.

Nunca vi um PC da Xuxa de perto, mas o que era aquele Game Boy? Meu Deus, aquilo parecia ser o sentido da vida (da minha vida, pelo menos).

Um *videogame* pra jogar em qualquer lugar, imagina que surreal isso pra uma criança que tinha de visitar uma tia cujo nome nem sabia?

As pilhas duravam menos que um capítulo de *Caverna do dragão* e era impossível enxergar aquela tela à noite, mas vamos combinar: era um Game Boy.

É claro que eu, membro da classe menos favorecida, nunca tive um.

Eu me contentava com um *minigame* daqueles pretos com botões amarelos, o Brick Game 999 games em 1. Ainda tenho esperança de que alguém vai me mostrar como desbloquear os outros 998, porque até hoje só achei o Tetris nele.

Eu me lembro de que nessa época a gente se ligava muito em bonecos. Chamávamos de *hominho*.

Humm.

Não é isso que vocês estão pensando.

Estou falando dos Comandos em Ação. Hominhos (bonequinhos) articulados, uniformizados e tal, com mochilinhas e outros acessórios.

Uma desgraça desses bonecos era que sempre – eu digo SEMPRE – o dedinho do camarada quebrava primeiro do que tudo, e daí o infeliz não podia mais segurar a arminha, o que o fazia se tornar um soldado sem nenhuma serventia para a guerra.

Merecia até morrer.

É óbvio que a gente ficava querendo comprar (*ganhar*, mais precisamente) outro hominho, quando o dedo dele quebrava. Porém o jeito era esperar uns dois ou três anos. Obsolescência programada em brinquedos de plástico.

Nessa época teve início um fenômeno incrível chamado loja de R$ 1,99. Eu saía da escola e ia pra lá ficar olhando aqueles hominhos do *Homem Aranha* de procedência duvidosa ou então a coleção do *Jurassic Park*. Alguns bonecos vinham com armas, paraquedas e até binóculos. Aliás, eu guardo com carinho até hoje um boneco dessa época, o saudoso Ian Malcolm, que comprei na lojinha de R$ 1,99 do centro.

Essas lojas foram também o reduto das coleções do Forte Apache, que vinham em saquinhos plásticos: índios, cavalos e soldados monocromáticos. Eu passava horas inventando mil histórias com eles.

Nessas lojas vendiam até armas de bolinhas, que hoje em dia chamam de *airsoft*. Eu me sentia um adulto muito fora da lei comprando essas arminhas. Mas eu precisava sobreviver às guerras do recreio.

Quase ali na metade da década, houve um sucesso repentino da Eliana na tevê, e com isso rolou uma invasão de brinquedos da loira dos dedinhos nas lojas. Umas coisas tipo Fabriquinha de Biscoito e Chocolateria da Eliana de repente se tornaram o desejo secreto de todas as meninas (e dos meninos que não assumiam isso também).

Quem tinha irmã, como eu, se deu bem quando ela ganhou de Natal a Sorveteria da Eliana. Eu lembro que a gente enchia aquele tamborzinho de gelo e sal e ficava girando aquilo eternamente. Saía uma coisa que eu gosto de chamar de "cisco de sorvete". Às vezes era salgado porque a água com sal escorria por algum vãozinho recôndito. Uma iguaria com sabor único.

Não contente, ela lançou ainda a Raspadinha da Eliana (nome este que me deixa constrangido hoje em dia). Mas o ápice da esperteza mesmo foi a Maquininha de Chiclete, com aquele *slogan* que virou bordão entre a molecada que não queria dividir o seu Ploc de hortelã: "Quer chiclete? Faz o seu!".

Eliana incentivando o egoísmo entre os pequenos.

Sim, eu poderia fazer o meu, não fosse o fato de que para fazer chiclete nesse brinquedo era necessário... CHICLETE. Sério. Faça o seu próprio chiclete inserindo chiclete na maquininha de fazer chiclete.

Quanto de maldade e astúcia pode um coração humano comportar?

Para arrematar de vez nossos corações, o boneco do Melocoton – aquele serzinho roxo que dava uma risada maléfica ao ser apertado na barriga – foi lançado e, como era de se esperar, virou febre nacional. Maior que o Melocoton só mesmo a boneca gigante da própria (onipresente) Eliana, que conseguia ser mais alta do que a criança em si. Genial.

Acho curioso que a Xuxa, que já reinava na tevê desde os anos 80, não teve lá brinquedos tão cobiçados assim. Ela parece ter investido mais em sandálias, produtos da Arisco, relógios e botas: esses sim viraram moda entre as meninas. Com exceção do Microfone da Xuxa e daquelas primeiras coleções de bonecas, não me lembro de muito alvoroço em torno dos brinquedos da loira.

Em meio a comerciais de pistas gigantes de carrinhos com lava-rápidos colossais, com aquela intragável frase "itens vendidos separadamente", o Gugu também empobreceu indiretamente nossos pais.

Entre um *streap tease* e uma prova na banheira, lá estava o apresentador anunciando brinquedos sensacionais como a Toca do Gugu: que criança não sonhou ter uma dessas pra acampar no quintal de casa? Eu implorei muito e um belo dia finalmente ganhei o Show de Mágicas do Gugu. Não consegui enganar minha irmãzinha de 3 anos de idade.

Que tal um brinquedo pra você se sentir dentro do inferno... quer dizer, do próprio *Domingo legal*? Uma boa pedida era o Gugu Equilibrista, ou ainda o Gugu na Minha Casa (medo).

E, antes que eu me esqueça: existe nome mais indecente de brinquedo que Chutebol? O nome esdrúxulo era um presságio para uma decepção inevitável: o brinquedo, que prometia ser sua verdadeira escolinha de futebol, era mais ou menos um fio de telefone preso a uma bola murcha.

Como é que você aprendia a jogar futebol? Chutando aquela bola, presa ao fio, que voltava pra cima de você.

Gugu manja muito de futebol.

Mas nem todo sonho de consumo era anunciado em uma Sharp de tubo 14 polegadas. O bazar era também um estabelecimento de sonho e magia. Era num bazar 2 x 2 que encontrávamos as pulseiras bate-enrola em todas as cores possíveis. Não existia uma coisa com mais cara de moda com prazo de validade que essas pulseiras. Chegaram, viraram febre, foram proibidas por serem quase letais, liberaram de novo e caíram no esquecimento.

Queria que nossos políticos tivessem a mesma vida útil daquelas pulseiras.

O mais triste disso tudo foi, anos depois, descobrir que dentro das pulseiras escondiam uma prosaica fita métrica. Tipos as da minha vó Laura. (Saudades, vó!)

Em meio a agulhas de costura e novelos daqueles de livro de escola, os bonecos dos *Power Rangers* que viravam a cabeça também estavam ali. Não existe brinquedo que testou mais a nossa imaginação que esse boneco. Eu quis dizer... *hominho*.

Nessa época só ganhávamos presente no Natal e, com muita sorte, no aniversário. Se o aniversário fosse até três meses próximo do Natal, nossos pais transformavam tudo em um único presente mesmo. Azar o nosso.

Mas essa época de luzes e sonhos era perfeita para pedir (implorar) pelos presentes caros, grandes, nossos sonhos de consumo. Tudo bem que pedíamos a coleção completa dos bonecos dos *Cavaleiros do Zodíaco* e ganhávamos uma camiseta do Frajola e uma meia do Fido Dido. Mas existiram bons momentos. Me lembro de ter ganhado o Cara Maluca, da Grow, no Natal de 95. Aquilo era incrível e me tirou o sono, de tão divertido. Eu não consegui dormir bem à noite, tamanha a ansiedade pra acordar cedo no dia 25 e continuar brincando.

Foi nesse Natal também que meu irmão ganhou um Gulliver e, no mesmo dia, quebraram a perna de um bonequinho. Rolou tipo um tribunal do Chaves e jogaram a culpa no meu primo.

A noite de Natal, além de enfeites guardados em caixa de sapato e de não poder brincar com o brinquedo novo porque eles não vinham com pilhas, me lembra também de Autorama. Toda criança queria ganhar aquela maravilha. E nós ganhamos em 97 ou 98, lá no Cidade Salvador (não a cidade da Bahia, o bairro de Jacareí mesmo).

Ninguém queria ceder a vez pro irmão brincar sem antes tomar uma bronca dos pais. Aquele brinquedo era sensacional, é verdade, mas tinha o mesmo temperamento de uma impressora: parava de funcionar por vontade própria, sem explicação, e quando você mais precisava.

Autorama é lindo na casa dos outros. Lá, sempre funcionava. Na minha, o carrinho travava, saía da pista, o controle *bugava*...

Nem tudo era perfeito naquele tempo. Mas quem precisa de perfeição?

AÍ ESTOU EU ABRAÇANDO O PAPAI NOEL (MEU PAI COM ALGUNS TRAVESSEIROS PRESTES A CAIR DA BARRIGA) E RECEBENDO ESSE PACOTE DAS CASAS BAHIA QUE ERA, NADA MAIS NADA MENOS, QUE O INESTIMÁVEL AUTORAMA.

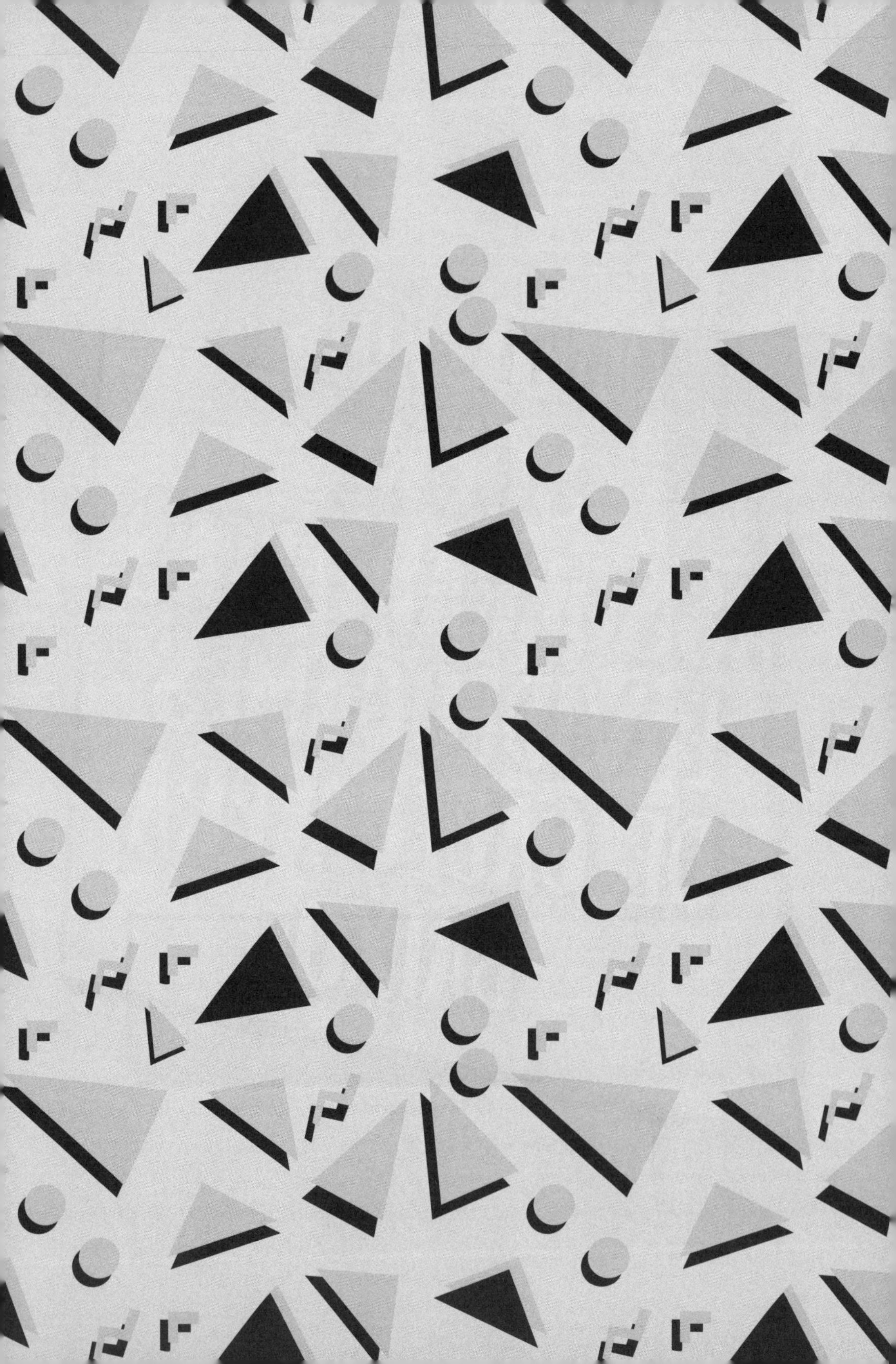

CAPÍTULO 6

SOBRE ASSOPRAR FITAS E VIDEOGAMES DE CABEÇA PRA BAIXO

Bastam dois ou três cliques no mouse e pronto: tá tudo na tela. Não se perdem mais noites inteiras tentando resolver aquele bendito *puzzle* do relógio no *Resident Evil 1*, ou ralando para descobrir o que fazer num determinado momento do *Chrono Trigger*. Também não precisamos mais fingir uma dor de barriga pra matar aula e assim tentar descobrir o que aquele maldito cara tá dizendo no *Final Fantasy VII*. A internet está abarrotada de vídeos repletos de detalhes, dicas, explicações, artimanhas. A narração complementa a imagem, que mostra em câmera lenta o que exatamente devemos fazer, qual botão apertar, o que colocar no abençoado relógio. Isso quando o próprio tutorial no início do game já não diz o que você deve e o que não deve fazer. Uma espécie de tio bebum que conta o final da piada logo no começo. Mas nem sempre foi assim.

A geração que aprendeu inglês jogando *Zelda* sofreu pra se safar nos RPGs. Um dicionário surrado inglês-português, um caderno e uma caneta pra anotar coisas importantes: eram nossas únicas ferramentas numa época em que praticamente não existiam jogos em português. Aprendemos um novo idioma na marra. Sangue, suor e *Start the Game*. Afinal, ou você aprendia inglês para passar de uma determinada parte do game ou você abandonava aquele cartucho no fundo da estante (e pra funcionar depois só assoprando bastante a fita). Pedir socorro para um vizinho ou colega de escola também era uma saída. Jogo em japonês era uma provação divina para testar nossa fé.

As revistas de games com "detonados" foram a salvação de toda uma geração. Pegar pra fechar um jogo com uma revista do lado era questão de luxo, mordomia de poucos. Xerox de páginas de revistas do amigo do primo do ex-vizinho da rua de cima e anotações com garranchos indecifráveis eram mais comuns. Os *fatalities* do *Mortal Kombat* registrávamos na última folha do caderno de escola. No desespero, a gente anotava *passwords* do *Mega man* no meio da matéria de História mesmo. Aliás, na minha escola, História & Geografia era uma matéria só, enquanto tínhamos Cidadania e Redação. Proerd era sagrado.

Dá um certo orgulho dizer que a geração de 90 assistiu de perto à maior guerra de consoles da história. Ou uma sequência delas. Master System e Nintendinho já trocavam socos e pontapés no horário da saída quando de repente nos vimos diante da era 16 bits. Ou você amava o Super Mario ou ostentava toda aquela explosão do Sonic. Mega Drive *versus* Super Nintendo foi como Marvel *versus* DC. T-Rex contra Velocirraptor. Pepê e Neném *against* Fat Family.

No ano em que o Plano Real entrou em vigor e eu ainda estava tentando entender quanto passaria a custar o Chocolate Surpresa, ganhei um Super Nintendo. Era Natal de 1994. Na verdade, quem ganhou foi meu irmão mais velho, que abriu mão do guerreiro Phantom System para adentrar ao novo e surpreendente mundo de tecnologia. Meses antes, eu me lembro de a gente ir à locadora do bairro pra ver o tal *Street Fighter II*. Eu quase chorei de emoção vendo aquilo. A música que soava cristalina, os gráficos impecáveis, os golpes incríveis. Voltamos correndo pra casa para contar pro nosso pai que os gráficos pareciam pessoas reais.

Havia duas locadoras de games na minha cidade: a Action e a Maniac. Em qualquer uma delas, bastava soar aquele sonzinho do *logo* da Capcom pra juntar uma pequena multidão em volta da judiada tevê de 14 polegadas. Todo mundo queria jogar um pouco, tentar um novo golpe, matar o Bison de primeira, tentar o impossível teleporte do Dhalsim. Às vezes a gente ia lá sem 1 real no bolso só pra dar palpite mesmo, acusar alguém de apelão, fingir que tava jogando na tela de demonstração. O importante era estar lá, naquele pequeno grande universo da locadora.

A Maniac era perto de casa e tinha um *Sonic* muito suspeito pintado na parede com a tinta já bem descascada. Mas a gente tinha imaginação pra ver um *Sonic* quase perfeito ali. A Action era um pouco mais longe, mas tinha mais opções de jogos e o dono era gente boa. Na minha cabeça ele parecia o Kurt do Nirvana. Muitos anos depois esse cara comprou nosso Super Nintendo com o mouse do *Mario Paint* e tudo. Só assim a gente conseguiu dar entrada pra comprar um Play 1. Ele pagou pouco na época, mas o desespero pelo PS1 era maior. Maldito Kurt.

Pra piorar as coisas, o Kurt de Jacareí tinha um irmão gêmeo que de vez em quando aparecia lá, e dava o maior rolo porque ele não manjava nada de games, aí a molecada (a gente) achava que ele estava enrolando, se fazendo de louco, já que muita gente nem sabia que eles eram gêmeos. Malditos Kurts gêmeos.

Mas voltando, sexta-feira era sagrado: o objetivo era ir até uma locadora o mais cedo possível pra achar os jogos legais. Alugava na sexta e só devolvia na segunda-feira. O problema é que quase sempre só nos restavam os cartuchos que ninguém queria. Do Beethoven pra baixo. Por outro lado, nada poderia ser mais perfeito que achar um bom jogo numa sexta-feira chuvosa. Aquele era nosso momento de glória. Até descobrirmos que dentro da carcaça do *Top Gear 2* estava na verdade o bendito Shaq Fu. Algum desalmado havia trocado o *chip* do cartucho da locadora, colocado um jogo péssimo dentro e ficado com o game legal pra ele. Um crime (quase) hediondo, mas comum na época.

Algumas locadoras também abriam aos sábados. Eu me lembro da fila enorme que se formava do lado de fora antes de abrir. Todo mundo queria chegar cedo e já jogar um Super NES ou um Mega

Drive. Ou quem sabe ter a sorte grande de conseguir levar o *Contra III* pra casa.

A essa altura, os fliperamas também provocavam grandes aglomerados de moleques entre 2 e 35 anos nos botecos da vida. Bem diferente do ambiente de comercial de margarina que os videogames caseiros sugeriam, os jogadores de fliperamas eram os malandros em miniatura que perambulavam pelos ambientes mais tenebrosos da cidade. Um fliperama com um *The King of Fighters '97* rolando era o sonho de consumo de muitos. O detalhe é que quase sempre ele ficava entre umas 5 máquinas caça-níqueis de procedência duvidosa, rodeado de bêbados jogando truco, tomando cachaça e soltando fumaça de Derby na sua cara. Isso sem falar no risco de ser ameaçado pelo pivete mais alto, que, além de roubar suas fichas, ainda lhe metia um pontapé na bunda pra você ficar esperto. Um adulto que hoje tem medo de frequentar os cassinos mafiosos de Las Vegas jamais aprendeu na escola dos fliperamas de boteco. De rodoviária. De qualquer coisa que cheirasse mal e vendesse papel higiênico cor-de-rosa.

Nesse meio-tempo, a galera que por algum motivo já tinha um computador em casa cansou de jogar *Campo minado* e *Paciência*. Com o passar dos anos, as placas de vídeo apertaram o passo e os famosos *kits* multimídia começaram a vir com as máquinas (assim eram carinhosamente chamados os computadores). Com muito custo, meu pai comprou um 486 já bem amarelado pra gente, com o fatídico mouse de bolinha e teclado gigante. A melhor parte dessa CPU era o botão Turbo, que eu apertei na época e estou até hoje esperando o resultado. Aos poucos começaram a surgir os disquetes com games incríveis, tipo *Prince of Persia* e *Doom*. Poucas coisas foram tão marcantes naqueles tempos como a primeira jogatina de *Doom*... Que jogo insano, violento e viciante! Do jeitinho que nossa mãe odiava. Mas o grande problema mesmo é que os jogos legais de verdade só funcionavam no PC do vizinho babaca ou de algum primo que morava longe.

Foi nessa época também que nós descobrimos o *Elifoot* em casa. Ainda sem o *kit* multimídia – que nada mais era que o leitor de CD-ROM e uma caixinha de som –, os barulhinhos de gol eram um simples apito da própria placa-mãe. Começaram a brotar também as saudosas revistas vendidas em bancas de jornal que vinham com CDs com (mentirosas) dezenas de games. Todos eles em *flash* e que enjoavam em menos de dez minutos. Vez ou outra publicava-se alguma coisa legal nessas revistas, tipo um *Myst* da vida, outra pérola da época.

Da segunda metade da década em diante, aumentou o fetiche pelo 3D, os videogames de CD, os gráficos poligonais. A gente viu aquelas imagens inacreditáveis do 3DO na *SuperGamePower* e ficou maravilhado. Não demorou muito e apareceu alguém que conhecia um carinha sei lá de onde que comprou um e achou uma porcaria. Queríamos games com alta realidade, mas tínhamos certo receio da terceira dimensão, dos detectores de movimento, dos games que pareciam vídeos. Era bonito e radiante na revista, mas a verdade é que ainda amávamos o cartucho das *Tartarugas Ninjas* e a pancadaria do *Streets of Rage*, e sentíamos que era cedo demais para abandonar tamanha paixão.

Em meados de 1997 minha família decidiu então se mudar. Depois de alguns dias, fizemos um novo amigo gente boa na vizinhança: O Almir. Ele era aquele cara já adulto, que trabalhava em fábrica e manjava dos jogos da nova geração. No caso, o PS1. Foi o Almir quem nos apresentou o Crash, o controle analógico que vibrava na fase do tigre na muralha da China, nos mostrou como prender o mordomo da *Lara Croft* no *freezer*, compartilhou a alegria que era poder sair do carro no *Driver 2* e como os gráficos do *Tekken* eram lindos. Mesmo com aquelas mãos dos personagens que pareciam lasanha congelada.

O Playstation do Almir era japonês e, por conta daquelas tretas de sistema de cor, só funcionava em preto e branco. Mas quem ligava pra isso? Emprestamos nosso SNES pro bem da nostalgia dele e ele deixou o PS1 temporariamente com a gente. Passamos madrugadas a fio vendo as cenas em CG do *Tekken* e pensando: *Meu Deus, a que ponto a tecnologia chegou!* Alguns jogos eram complicados pra jogar em preto e branco, como o *Medalha de honra* e o *Syphon Filter 3* (o Almir falava "saicom filter 3"), mas rapidinho a gente se acostumou.

Quantas tardes gostosas passei jogando *Tony Hawk's Pro Skater 2*. Quando tava difícil passar de fase, eu criava meus próprios cenários e depois implorava pros meus irmãos jogarem neles. Eu jurava que eles jogavam porque curtiram minhas fases, mas na verdade faziam isso por obrigação mesmo. Aliás, o Tony Hawk's foi responsável pela formação musical de muita gente, inclusive a minha, que tava mais acostumado a ouvir música nacional e abri os ouvidos pros gringos que tocavam no jogo. Se o CD estivesse riscado, tacava-lhe pasta de dente, virava o *videogame* de cabeça pra baixo e pronto. Seguia o jogo.

A evolução do console da Sony era mesmo gritante. Mal podíamos acreditar na inteligência artificial do *Metal Gear*, nos gráficos do *Silent Hill*, na história do *Chrono Cross*. Foram tantos jogos incríveis que a experiência de jogar PS1 se confunde com as melhores memórias da minha infância.

Porém, um belo dia, devolvemos o PS1 pro Almir e voltamos pro nosso SNES velho de guerra. E foi assim por uns bons meses. A vontade de ter o próprio PS1 era tanta que meu irmão chegou a comprar o jogo do *Tarzan* antes mesmo de termos o *videogame*. É como comprar um caranguejo de câmbio antes de adquirir um Fusca.

Mas a mandinga aparentemente deu certo, porque meses depois conseguimos comprar um PS1 de segunda mão com a ajuda (indecente) do já mencionado Salsicha e de um amigo do meu pai que tinha uma loja de games no centro. Já imaginou? Um Playstation 1, agora em cores! Nesse momento eu consegui sentir a alegria que deve ter sido a chegada da tevê colorida lá nos anos 70 e do homem à Lua. Como um cego que passasse a enxergar, agora tínhamos um videogame com gráficos verdadeiramente tridimensionais e uma vasta biblioteca de games que podiam ser facilmente comprados por *5 pila* no chinês do centro. Discos de qualidade duvidosa provavelmente produzidos por algum semiescravo sem direito algum. A ironia é que fui trabalhar com esse chinês anos depois e descobri que ele é super gente boa e até virei o semiescravo dele sem reclamar muito.

A verdade é que eu mudei de casa umas 35 vezes na minha infância. Numa dessas aventuras eu conheci o Luizinho, um carinha que foi meu vizinho quando moramos com a minha avó. Ele tinha um Nintendo 64. Ele era o único do bairro todo (e, na minha cabeça, da galáxia também) que tinha o mais novo *videogame* da Nintendo. Eu jurava que ele era milionário só por conta disso. Até porque, além do N64, ele tinha a coleção completa das estatuetas de ferro do Kinder Ovo.

Nessa nova saga, o Luizinho virou o novo Almir e durante alguns meses trocamos nosso PS1 pelo Nintendo 64. Foi aí que a paixão pela Nintendo foi reacendida: *Super Mario 64*, *GoldenEye 007*, *Zelda Ocarina of Time*, *Mario Party*. Foi estranho e bonito ver o bigodudo em 3D e ao mesmo tempo descobrir que havia vida pro *Pokémon* pós-Game Boy.

Apesar dos bons jogos, o Nintendo 64 não emplacou porque era caro, tinha acessórios nada baratos e jogos que custavam os olhos da cara. Em outras palavras, não vendiam cartuchos do 64 nos camelôs ou nas galerias obscuras. Até saíram cartuchos piratas pra ele, mas ainda sim nem se comparavam com os preços dos games do Play 1. Algo parecido aconteceu com o Dreamcast, que saiu no final da década, tinha ótimos games, mas não a pancada de títulos que o videogame da Sony.

Os anos 90 se encerram e o final vocês já sabem: a Sony novamente ficou no topo com o PS2, que saiu logo no começo dos anos 2000. O motivo? Pergunta pro meu amigo chinês.

STREET FIGHTER II TM TURBO
LICENSED BY Nintendo
CAPCOM
SUPER NINTENDO
SNS-T1-USA
MADE IN JAPAN
SUPER NINTENDO
POWER
RESET

GLORIOSO SNES COM ALGUNS DOS MEUS CARTUCHOS. DESTAQUE PARA A FITA PRETA DO KILLER INSTINCT: ASSIM COMO A VERMELHA DO DOOM, UMA DAS MAIS COBIÇADAS DA ÉPOCA. TIVE QUE VIRAR ADULTO, CONSEGUIR UM EMPREGO E VENDER MEU MONZA TUBARÃO PRA COMPRAR UMA.

CAPÍTULO 7

QUANDO A VIDA ERA DOCE

Declaro para os devidos fins que não sou exatamente um exemplo para crianças, adolescentes, adultos, idosos e diabéticos. Minha dieta é, digamos, alternativa. Uma alternativa a qualquer coisa que se pareça com uma dieta saudável.

Não faço isso de propósito, não estou querendo partir dessa para melhor antes do tempo. Sou muito jovem para morrer.

Eu queria comer direitinho, que nem minha mãe me ensinou: frutas, verduras, legumes. Penso nisso todos os dias, juro, mas pelo jeito esse é um sonho que vou realizar por meio do meu filho. Sabe aquele negócio: o pai queria ser astronauta, não pôde ser, então torce (reza, paga, implora) para que o filho seja?

Meu filho vai comer todas as coisas saudáveis que não comi.

(Desculpa, filho.)

Vai ser assim, aqui em casa: eu queria ter uma alimentação balanceada, mas prefiro ficar balançando na rede mesmo, depois de me entupir de coisas gordurosas e açucaradas. Doces e mais doces. Aliás, falando neles...

Já não se fazem mais doces sem procedência alguma como antigamente.

Todos os doces agora custam um terço do meu salário, são pequenos, caprichados e quase não são doces. Você come e fica com aquela cara de quem foi enganado, uma espécie de Conto do Vigário de São Cosme e Damião. Tipo aceitar que fruta é sobremesa.

São Cosme e Damião, aliás, santos da minha preferência. Aprendi a ser religioso com eles. Eles e o Judas: "Baaaaaaaala!".

Nessa época, os doces ficavam naqueles balcões gigantescos do bar, às vezes rodeados de abelhas e outros insetos indefinidos. O balcão tinha um vidro pra que a gente pudesse ficar observando enquanto nossos olhos brilhavam. Era nossa vitrine.

Os doces não tinham data de fabricação, de validade, lista de ingredientes, nada. Nem a Mãe Dináh poderia prever do que eram feitos aqueles doces. Eles simplesmente ficavam ali. Acho até que nasciam dentro daquele balcão de higiene duvidosa. Ninguém contestava ou achava estranho.

Eu simplesmente chegava com algumas moedas e saía de lá com aqueles saquinhos cheios de **teta de nega** (aquele doce de merengue coberto com chocolate que hoje em dia é vendido na Kopenhagen pelo preço de uma cobertura no Guarujá), **doce de abóbora de coração** (o meu preferido até hoje), o **suspiro colorido** (e seus sabores que não mudavam, mesmo com uma enorme gama de cores diferentes), **doce de bananinha** (aquele que vinha num copinho de casquinha de sorvete fatalmente murcha e uma colherzinha de madeira). Por falar em sorvete, lembrei-me agora do bendito **sorvete quente**. Ou sorvete de maria-mole, que vinha com uma bexiga indecente de 2 centímetros por cima. A bochecha chegava a arder só de tentar encher aquela coisa.

Os chocolates desses botequins, de tão horríveis, eram deliciosos. Eu adorava o guarda-chuvinha de chocolate e o interminável ritual de tentar abrir a embalagem sem quebrar a pontinha. Sempre quebrava. Moeda, bola de futebol, Papai Noel... tudo virou um esquisitíssimo chocolate hidrogenado com gostinho de manteiga, gordura vegetal e óleo Liza. Se bobear, nem cacau tinha.

Num tempo em que a Dercy Gonçalves mostrava o seio – às vezes vinha o combo com os dois juntos – para quem quisesse ver, fumar um mero cigarro na tevê, no escritório ou mesmo na sala de aula não era crime nenhum. Antigamente fumavam até no avião e, se deixasse, até rodavam Bombril com fogo em posto de gasolina. Eram tempos improváveis. E se acender um *careta* no meio da Mesbla não era nada demais, brincar de fumar também não era. Víamos adultos fumando pelos cantos e queríamos imitá-los. Simples assim.

A Pan lançou então o famigerado cigarrinho de chocolate com as fotos de dois garotos posando com o tal cigarro de mentirinha. A moda pegou, o chocolate virou mania nacional e o Paulinho Pompeia – o garotinho negro da embalagem – foi até parar na *Malhação* anos depois. Eu lembro que adorava brincar que estava fumando, que já era um adulto responsável. Nada poderia ser mais legal do que isso. Santa inocência.

A molecada se divertiu enquanto deu porque lá na metade dos anos 90 a Pan baniu os cigarrinhos do mercado e os transformou em rolinhos de chocolate, que depois viraram chocolápis. Disso tudo, ficou só a saudade dos tempos em que achar que ser adulto era uma coisa boa.

Tiveram outros doces exóticos também e, ainda assim, amávamos eles. Por exemplo, o estranhíssimo **Dip'n'Lik**, um pirulito sem gosto nenhum, mas que tinha de ser mergulhado em um envelope de açúcar cristalizado com sabor (meio azedo, meio ardido). Como isso poderia dar certo?

Dando.

É, não só funcionou como o Dip'n'Lik tornou-se um dos doces mais amados entre a molecada dos anos 80 e 90, verdadeiro talismã das festinhas de criança e dos botecos de bairro. Originalmente nos sabores de laranja, uva e cereja, o pirulito mágico da nossa infância (isso soou esquisito, mas vocês entenderam) era muito bom (ou assim me parecia).

O fator decepcionante estava no fato de que vinha muito pouco pó no envelope (soou estranho de novo, mas, né?...), ou seja, a gente dava alguns mergulhinhos do pirulito no pó, mas rapidinho a alegria acabava.

Restava o pirulito sem sabor e a certeza de que a felicidade é uma ilusão.

Aliás, se você está aqui, todo serelepe lendo este livro, e um dia já saboreou uma perigosíssima **Bala Soft**, você de fato é um sobrevivente. Também conhecidas como balas da morte (que nome meigo para um docinho, não é mesmo?), essas estranhas e indomáveis guloseimas foram fabricadas com o tamanho exato da garganta de uma pobre criança. Não que tenha sido essa a intenção, mas quanto mais você a degustava na boca, mais lisa e apropriada para entalar na sua goela ela ficava. Não faltaram histórias de crianças (sempre o primo da cunhada do tio-avô da vizinha de alguém) que faleceram com uma bala da morte. Fico sinceramente feliz em saber que sobrevivemos a elas. O que me preocupa é que as balas da morte hoje em dia são outras.

Outra iguaria dos anos 90, que provavelmente estava escondida em algum lugar obscuro da sua memória, onde psicanalista nenhum poderia encontrar, é o **Flokin**, gelatina pronta para beber (sim, para beber), cujo comercial era muito sugestivo. A Xuxa fez uma pequena lavagem cerebral dessa coisa lá no programa dela e eu infernizei minha mãe pra comprar aquilo. Doce ilusão.

Na prática, nada mais era que uma simples gelatina moída que tomávamos de canudo.

Também havia o **pirulito Chupetinha**. Certo. Trocadilhos à parte (que trocadilhos?!), era vendidos nos sabores vermelho, laranja e verde. Sim, vocês leram direito: os sabores eram vermelho, laranja e verde. Na prática, tudo o mesmo gosto, mas as cores davam essa impressão de que, sei lá, havia morango, laranja e limão ali.

Comercializados nos botecos mais obscuros da cidade, o pirulito chupetinha parecia na verdade um escorpião em forma de doce: depois das primeiras chupadas, começavam a surgir farpas de açúcar, lascas afiadas, que rasgavam a língua na traição e talvez até transmitiam tétano, como que para lembrar que rosas têm espinhos etc. e tal.

Ainda na categoria pirulitos, havia o do **Zorro**, uma espécie de bala de caramelo com coco, espetada num palito.

A criatividade dessa gente para nos encher de açúcar era insuperável.

Engraçado que dizia a embalagem ter caramelo e coco, mas eu nunca peguei um premiado que vinha com coco de verdade. Apesar de o gosto dele ser bom (leia-se: doce), os fabricantes foram logo dando um jeito de decepcionar a gente, colocando algum tipo de adesivo comestível na fórmula do pirulito, porque ele grudava para sempre no dente.

Ou você arrancava o dente, ou aprendia a conviver com aquela forma de vida dentro da boca.

No quesito balas, não existia nenhuma com mais cara de mercearia de bairro que as da marca **Kleps**. Eu só fui me lembrar delas esses dias, porque na época eu chamava mesmo de balas de fita ou balas de correntinha. Vendiam feito água na cantina da escola.

Não sei quem teve a ideia de fazer a embalagem em forma de fita, que você ia destacando para comer. Mas que a sacada era brilhante, era. Tão simples e tão charmoso. O que marcou bastante também foram os desenhos da Kleps: uns animais estilizados, cada um de um sabor diferente.

Outro confeito que ficou mais conhecido por sua embalagem do que pelo produto em si: as balas **Pez**! As balas Pez eram do tipo *drops*, coloridas e muito gostosas. Eu adorava!

(Já perceberam que eu adorava – e ainda adoro – quase toda porcaria açucarada que inventaram ou inventarão no mundo?!)

Junto às balas Pez foram lançados *dispensers*, os potinhos para guardar essas delícias com a cabeça de personagens que a gente amava, tipo o Pateta, o Patolino ou o Mickey. Nos anos 90 continuava a mania de colecionismo (quem não colecionou ou tinha um amigo que angariava maços de cigarro?). Foram muitas e muitas coleções diferentes. O que era mania agora virou programa de previdência privada: tem gente que coleciona esse tipo de coisa – todo tipo de coisas – "profissionalmente", e alguns modelos raros podem chegar a custar mais de 5 mil dólares.

Fazer mecânica no Senai ninguém quer, né?

A Arcor esteve entre as empresas mais queridas nos anos 90. Tudo o que eles lançavam era sinônimo de sucesso, mais ou menos como uma Apple dos doces no Brasil. Foi em meados daquela década que eles lançaram o sensacional **Bolin Fruta**. Numa embalagem de padrão um pouco diferente, vinham dois chicletes com o formato de fruta. Era o jeito de induzir as crianças a comer frutas. Frutas que não acabavam nunca, na boca. Que eu saiba, nutricionistas não reconheceram ainda o valor pedagógico dos chicletes da Arcor.

Se hoje em dia temos *gelaterias gourmet* (ai, frescura), lugares geralmente frequentados por gente desalmada e sem infância, antigamente o sonho da criançada era o sorvete **Fura Bolo**, da extinta Gelato, que a gente achava naquelas padarias em que a geladeira nem fechava direito. E dava choque. Ou ainda o **Frutilly Copo Surpresa** nos sabores morango e frutas vermelhas; além de delicioso, vinha com brinquedinhos para colecionar.

Esse sorvete marcou muito os domingos nos quais meu pai nos levava pra passear naquela Marajó. Passávamos na banca de jornais, depois uma parada na padaria pra comprar essa ou alguma outra guloseima e, se ainda desse tempo antes do almoço, um pulinho no Parque dos Eucaliptos, que na época tinha um lago com patos e capivaras (que eu achava que eram Pokémons).

Hoje não se pode mais oferecer brindes ou brinquedos para os pequenos, junto com os doces. Inventaram que isso é crime, pecado, antiético, *whatever*.

Tem gente que parece perder muito tempo na vida imaginando um jeito de deixar os outros infelizes.

A fantástica fábrica de chocolate é, nesses tempos bicudos, quase um manifesto anarquista.

CAPÍTULO 7

Se balas, chicletes, salgadinhos e chocolates são coisas boas, coisas de Deus, tudo isso com brinquedos, então, é muito melhor.

Lá no Mercadinho do Peixoto – exímio estabelecimento em que passei parte da infância comprando todas as guloseimas possíveis ou simplesmente sonhando com elas – o Kinder Ovo chegou a custar 50 *fucking* centavos! Depois foi para o absurdo de 1 real. E ainda vinha com aqueles brinquedos sensacionais, pintados à mão, um mais legal do que o outro. Tristeza mesmo só quando vinha quebra-cabeça de 20 peças. Hoje em dia, você precisa decidir entre comprar um Kinder Ovo ou um drone.

Eu não sei se você lembra, mas nos anos 80 até a Danone lançou uma promoção em que as embalagens de iogurte vinham com figurinhas pra você colecionar. Além das figurinhas havia ainda os álbuns, que eram bem bacanas e tiveram várias coleções diferentes pra atiçar... digo, para conscientizar ainda mais a garotada.

Mas não parou por aí não... A Danone lançou também a Coleção Cães de Raça, álbum de figurinhas bonitinho, mas que também dava de brinde, tipo achou-ganhou, um canarinho. Sim, um passarinho de verdade, vivo. Isso é que eu chamo de Sociedade Protetora dos Animais.

Falando em ambientalismo e ecologia, assuntos urgentes hoje em dia, em 1992 o que aconteceu de importante nessa área?

Se você pensou *Eco-92, Conferência das Nações Unidas sobre o Meio Ambiente e o Desenvolvimento*, você errou.

Quer dizer, teve isso também.

Mas o importante mesmo na luta pela preservação do planeta teve como símbolo o chocolate **Surpresa**, da Nestlé, que marcou época por trazer várias coleções com figurinhas sobre a fauna e a flora (dentre outras bem legais) de altíssima qualidade.

Eram chocolates deliciosos que vinham com um bicho desenhado neles. Onça, tucano, gorila, baleia. Daí você metia os dentes no bicho... quer dizer, no chocolate, e guardava a lembrança dele: um cartão com foto e informações da criaturinha. Ostentação era ter o álbum completo de alguma coleção dessas.

Aprendi tudo o que sei sobre meio ambiente nessa época.

E, na mesma pegada vanguardista da Danone, foi nessa época que o chocolate Surpresa também ofereceu cachorrinhos de raça para quem colecionasse os cartões. Eles chegavam pelos Correios.

Acho que funcionava dessa forma, não sei. Assim como as figurinhas premiadas daqueles álbuns genéricos que prometiam dar bicicletas, *minibugs* e um Monza, eu nunca fui premiado nem conheci quem tivesse ganhado tais prêmios. O máximo que ganhei foi uma bola de plástico mais leve do que folha de papel.

Mas nem só de açúcar vive a criança: de salgadinhos cheios de corante amarelo também.

A coleção dos **Tazos** da Elma Chips foi um sucesso de crítica e público. Mas os Tazos foram só o começo. Teve a coleção **Chip-Sustos**, com 45 figurinhas que brilhavam no escuro. Teve também o **Manual de Mágicas Abra Cadabra**, que, assim como a coleção da Danone, trazia figurinhas com mágicas e seus segredos. Teve ainda um de que poucos se lembram, mas que foi o precursor dos Tazos: o **Gangsauros**, que tinham figurinhas, pôster e ainda uma espécie de protótipo dos futuros Tazos.

A ciência é assim: avanços e mais avanços.

Além dessas foram várias outras promoções da Elma Chips, mas nenhuma se compara à coleção **Susto Partes**, que tinha uma campanha com a Família Addams: de brinde você recebia narizes, orelhas, dedos e outras partes do corpo humano. Eu assustei muito as minhas tias com essas belezinhas.

Daquele tempo, alguns desses nutritivos alimentos voltaram a ser comercializados.

Lollo, por exemplo. Esse aqui todo mundo conhece, afinal está sempre naquelas caixas de bombom que a firma dá na semana da Páscoa.

CAPÍTULO 7

O chocolate Lollo era vendido nos anos 80, mas, por recomendação da matriz, na Suíça, em 1992 eles mudaram o nome pra Milkybar.

Tipo pegar um filho seu, com uns 18 anos de idade, e dizer pra ele: "Olha, João, agora você vai se chamar Washington".

Em 2012, a Nestlé decidiu atender aos clamores e relançou o clássico Lollo com nome Lollo mesmo.

"Washington, estive pensando, pode voltar a se chamar João, tudo bem?"

Vou ali ao mercado comprar frutas, verduras e legumes. Já volto.

E não, não tenho diabetes.

Ainda.

ESSE PRATO FICOU TÃO BONITO QUE NEM PARECE QUE CUSTOU MENOS DE 2 REAIS.

CAPÍTULO 8

DO *SUSHI* À BANHEIRA: OS RETRATOS DA TEVÊ BRASILEIRA

Às vezes, a tarde ia embora e meu pai ainda estava mexendo na antena espinha de peixe no perigosíssimo telhado de casa, que criança nenhuma conheceu (tá, uma vez meu irmão ficou nervoso, subiu no telhado e ficou atirando pedras lá de cima, mas isso é outra história). Eu sempre ouvi desde bebê que pisar numa telha errada era um caminho sem volta, morte na certa. Caminhar sobre aquelas telhas traiçoeiras era uma espécie de prova das *Olimpíadas do Faustão* sem rede de proteção. Mas eu era café com leite, ficava lá embaixo avisando aos berros se a imagem da tevê tinha melhorado. Mais altos do que os meus berros eram os da minha avó Laura falando pro meu pai tomar cuidado lá em cima. Ela sabia de umas 900 histórias de pessoas que caíram do telhado enquanto arrumavam a antena e morreram ou quebraram o pescoço – o que, pra ela, eram coisas distintas e que aconteciam com certa frequência.

Tudo isso pra termos uma imagem que desse pra ao menos reconhecer o ator ou a atriz em meio àqueles chuviscos e sombras malignas. Na tevê estava tudo que existia além da rua de casa, do barranco do Seu Dito, do bar do Washington, da escadaria da dona Maria. Existiam coisas fantásticas (e outras bem assustadoras) que só mesmo a tevê poderia nos apresentar. A internet ainda era algo da Nasa ou dos *Jetsons* – o que for mais tecnológico –, então as únicas coisas que faziam a família toda se reunir eram o almoço de domingo e a tevê. Na maioria das vezes, fazíamos os dois juntos. Não tinha motivo para um ser humano normal estar em outro cômodo enquanto passava a reportagem sobre o ET de Varginha, no programa do Gugu. Quando começava *Aqui Agora*, com Gil Gomes, quem corria da sala era eu.

A tevê também passou a servir como despertador, referência temporal para nós (se lembram do rádio relógio obrigatório em todo criado-mudo?). Quando acabava *TV Colosso*, por exemplo, era hora de almoçar ("Tá na mesa, pessoaaaal!"). Quando estava ali no meio de *Os Trapalhões* (as saudosas reprises que passavam durante semana), era um bom momento para inventar uma dor de barriga e, assim, tentar convencer sua mãe a deixar você faltar na escola (meu irmão às vezes utilizava essa técnica). Quando acabava *Casseta & Planeta* ou *Comédia da vida privada*, o melhor a se fazer era voar pra cama antes de que sua mãe visse que você ainda tava acordado e arremessasse um chinelo na sua coluna.

Por falar na minha amada mãezinha, é sempre dela que eu me lembro quando o assunto é novela. E como elas encheram as telinhas nos anos 90. Algumas eram bem alegres e outras davam medo, é verdade. Eu me lembro, por exemplo, de fugir correndo pro meu quarto quando aparecia o bendito Cadeirudo, em *A indomada*. A ideia apocalíptica em *O fim do mundo* também não era das mais felizes.

Mas a verdade é que tinha para todos os gostos: de *Mulheres de areia* com Ruth, Raquel e o inesquecível Tonho da Lua, passando pela mística *A viagem* até a viciante *A próxima* vítima. Eu fico imaginando se existissem as redes sociais na época de *A próxima* vítima, que pandemônio a internet se transformaria.

Só não seria maior do que o rebuliço causado pela novela *Pantanal*. A trama da Manchete não só virou paixão nacional como desbancou a Rede Globo, que tentou dezenas de malabarismos na programação (incluindo esticar a *Rainha da sucata*), mas sem muito sucesso. *Pantanal* estava presente na maioria dos televisores da época. Inclusive no da minha mãe.

CAPÍTULO 8

Os programas voltados para o público cheio de espinhas na cara, calça poperô prendendo a carteira com corrente, blusão colorido e boné da Charlotte (adolescentes) tiveram seu auge na década. Quem diria que a novela jovem chamada *Malhação*, que contava as desventuras dos jovens Dado, Magali, Mocotó e cia., iria virar febre nacional e continuaria no ar por mais de vinte anos depois da sua estreia? Aliás, que saudades das primeiras temporadas de *Malhação*.

A MTV do Thunderbird, do *Garganta e Torcicolo*, das vinhetas bizarras e dos videoclipes de encher os olhos viraram referência para toda uma geração (que teve a sorte de conseguir sintonizar o canal). Haja fita VHS pra gravar tantos clipes e *Acústico MTV*. Algumas eu tenho até hoje e rezo para não terem embolorado.

Máscara ao melhor estilo *sex shop* da esquina, chicote na mão e *lingerie* preta: assim adentrava aos palcos do *Programa H*, com Luciano Huck, a Suzana Alves, a eterna Tiazinha. A plateia vinha abaixo, os jovens se contorciam de EMOÇÃO ("emoção", sabem como é?), e a Tiazinha seguia sublime, dando chicotadas e depilando marmanjos que errassem as perguntas feitas no palco. Sadomasoquismo, sensualidade e erotismo: tudo isso em horário nobre na telinha da Band. Pouco tempo depois, a Feiticeira veio da Arábia para completar a hipnose nos adolescentes de todo o Brasil, órfãos do programa *Cocktail*. Aquele véu e aquelas roupas me faziam pensar que ela era uma espécie de Kitana dançarina do É o Tchan!.

Mas tinha um cara que viraria o talismã dos anos 90: o Gugu. Em meio a tantas desventuras proporcionadas, ele se tornou uma espécie de anfitrião da tevê bizarra daquela década, um mentor divino da vergonha alheia. Mas isso é injusto de certa forma, já que ele proporcionou bons momentos também. Eu me lembro exatamente daqueles domingos almoçando na sala de casa, meus irmãos e minha mãe esparramados entre o sofá e o tapete, eu brincando com o *bat-beg* (e quase quebrando meu pulso). Menos meu pai: ele só almoçava ou jantava na mesa e assistia a tudo de longe. A não ser que começasse o *Ratinho livre*.

A carreira do Gugu começou no *Viva a noite* do SBT, uma espécie de *Perdidos na noite* com mais recursos e um pouco de *script*. Não muito, já que no *Viva a noite* nosso querido Augusto Liberato começou a despertar seu desejo pelo absurdo. Cenas como o apresentador de joelhos pedindo pra uma modelo de *topless* tirar a parte de baixo do biquíni eram comuns no programa. A música da Monique chegava ao seu ápice com a plateia toda gritando: "Tira! Tira!". Inclusive as coitadinhas das crianças que ali estavam e nada entendiam. Na sequência, o ilustre apresentador aparecia cantarolando os versos "A vizinha tá de olho no peru/ Pega o meu peru/ Pega o meu peru", enquanto olhava serenamente para uma moça com um enorme decote debruçada na janela.

O quadro *Sonho maluco* certamente era o mais chocante e igualmente hilário do programa. Fãs enviavam cartinhas ao SBT (sim, bateu uma saudade melancólica agora) pedindo para realizar sonhos absurdos com seus ídolos. O Agnaldo Timóteo voando num carro por uma rampa a pedido de uma fã e quebrando os dentes ao atravessar um *outdoor*, o grupo Dominó tomando um embaraçoso banho ao vivo com uma moça enquanto outra fã lambuzava o Sérgio Mallandro com *chantilly* eram só algumas das situações vividas no quadro (mais chocante do que isso só abrir a *Porta dos desesperados* e dar de cara com aquele macaco insano).

Em paralelo ao *Viva a noite*, estreou em 1991 o *Sabadão sertanejo*, outra ideia mirabolante do Gugu. Aproveitando o *boom* gigantesco do sertanejo no começo da década, o programa levou inúmeros cantores do estilo pra soltar a voz no palco, enquanto belas moças tomavam banho com uma camiseta branca sem nadinha por baixo, além de uma senhora com *lingerie* de oncinha fazendo uma apresentação de *pole dance* logo ao lado. A cena do Dani Boy – carismática miniatura do apresentador que descaradamente pediu emprego pra ele ao vivo – dançando a música "Cumade e Cumpade" em meio às mulheres seminuas nos chuveiros do programa é um momento que resume bem a década.

Já em janeiro de 1993, estreava o maior e mais importante programa de auditório da carreira do Gugu: o *Domingo legal*. Ele foi tão marcante que fez parte da minha infância e juventude. Aquela sucessão de quadros e bandas se apresentando no palco meio que faziam parte do nosso almoço de domingo. Da lasanha preparada no capricho pela minha mãe. Do refrigerante Gub Gasosa que vendia na minha cidade. Da gelatina mosaico ou do pêssego em calda como sobremesa. Um momento de paz. Tudo isso, claro, com *flashes* de bundas e peitos de mulheres na banheira saltando a todo momento na tela.

O quadro da banheira certamente foi o que mais marcou a indescritível saga do Gugu pelo SBT. Em todo programa, mulheres de biquínis minúsculos se engalfinhavam com marmanjos de sunguinha numa banheira. Alguns sabonetes eram jogados ali e então começava uma luta corporal sem precedentes. Seios saltando do biquíni, partes baixas escapulindo pela tangente e abraços eróticos eram rotineiros nessas disputas. Os ângulos das câmeras infiltradas em meio a tudo isso me fazem pensar que o apresentador queria competir mesmo era com a *Sexta Sexy*, que acabou virando *Cine Band Privé*. E olha que ele ganharia fácil.

Não contente, o atarracado inventou ainda a *Prova da lama*, outro MMA erótico dominical em meio a um lamaçal que se parecia muito com a rua de casa quando chovia. A diferença é que eu nunca vi uma moça de biquíni desfilando lá no bairro Maria Amélia. No máximo a tia que passava vendendo Yakult na rua e que também comercializava roupas de baixo compradas no Brás para a mulherada. Mas voltando à prova, as mãos de pessoas estranhas ao fundo tentando agarrar os participantes a todo custo davam pesadelo em qualquer criança inocente. Essa gincana, aliás, originou outro quadro interessante na época, a *Luta no gel* do *Perdidos na tarde com o Thunderbird* lá na Manchete. Esse aí a gente pula.

A lasanha já tinha acabado em casa e o *Domingo legal* se estendia pela tarde toda. A criatividade dos diretores – ou quem quer que fosse que inventava aquelas coisas – era impressionante. Uma hora as moças estavam pulando loucamente no colo dos integrantes dos Mamonas Assassinas a fim de estourar uma bexiga, de repente a Adriane Galisteu aparecia tranquila assistindo a um *striptease* de um *gogo boy* ao vivo. Se os batimentos cardíacos dela fossem maiores do que os do Tiririca, que vira uma moça se despir minutos antes, ela perderia os pontos da prova. A gente assistiu a esse quadro também no *Ponto a ponto*, programa a jato que passou pela Globo em 1996, apresentado pelo Márcio Garcia e cia., mas retirado do ar por causa da polêmica prova da bola de fogo. Ele bem que tentou bater de frente com o *Domingo legal*, mas perdeu feio.

Por falar em concorrência, foi nessa época que eu aprendi o que era Ibope, a tal audiência. Em meio à prova da camiseta molhada – em que os participantes atiravam com um rifle de água na camiseta branca das moças sem sutiã pra descobrir o código secreto que estava por baixo –, o Gugu volta e meia anunciava a vitória na audiência em cima do Faustão. Tinha até um desenho do apresentador todo serelepe correndo pela tela.

A busca pelo Ibope aos domingos era a própria essência da década: selvagem, imoral, engraçada e indecente. Enquanto o Gugu levava uma cabeça de arraia em seu programa jurando que era o próprio chupa-cabra, o Faustão fazia um inacreditável *sushi* erótico ao vivo em seu programa. Num *link* com atores globais, Fausto Silva se divertia ao ver os amigos degustando um peculiar *sushi* sobre o corpo de uma moça totalmente nua. Tudo isso ali por volta das 4 horas da tarde, enquanto minha mãe preparava os bolinhos de chuva pro café. Assistindo a essa cena na época, eu pensava que era totalmente normal sair para jantar um *sushi* desses num restaurante qualquer. Coisa de adulto.

Enquanto isso, na casa da minha avó Terezinha, a tevê sintonizada no Silvio Santos era obrigatória. A enorme estante de madeira com toalhinhas de crochê por todos os lados, os bibelôs enfeitando os espaços vazios do móvel e o relógio de cuco mais acima. De todas as minhas boas lembranças na casa da minha avó, as que envolviam macarronada, pudim de pão e a voz do Silvio Santos falando da Tele Sena ao fundo são as melhores.

E assim foram nossos preguiçosos (e ardentes) domingos. Rebeliões e tragédias acompanhadas em tempo real com aquela musiquinha tensa do *Domingo legal*, ET e Rodolfo cantando a capciosa música "Vá, Gina", Silvio Santos zoando geral no *Topa tudo por dinheiro*, só pra não perder o costume, o *Telegrama legal* seguido do saudoso *Táxi do Gugu* com seus disfarces maravilhosos, o sagrado concurso da boquinha da garrafa e o Cid Moreira com sua inconfundível voz narrando as peripécias do Mister M no final do domingo. Só pra nos lembrar de que a segunda-feira estava chegando...

Melhor é ser criança

Se hoje as crianças se divertem assistindo a outras crianças brincando no YouTube (oi?), na década do guarda-chuvinha de chocolate a molecada se jogava no sofá pra curtir uma infinidade de programas infantis. As opções eram tantas que podíamos viajar pelos canais sem medo de ser feliz, já que todos tinham uma boa grade pra nós, os baixinhos.

Hoje a geração 90 reclama da falta que faz a *TV Globinho* (com razão), mas não podemos nos esquecer de que a Globo foi muito além disso para as crianças.

Se por um lado a Manchete teve a audácia de trazer animes do calibre dos *Cavaleiros do Zodíaco* e *Yu Yu Hakusho*, e *tokusatsus* no nível de *Jaspion*, *Changeman* e *Jiraiya* para o Brasil – e felicidade geral da nação (volta, Manchete!) –, a Globo tinha *Power Rangers*, *Samurai X*, *Monster Rancher*, *Dragon Ball Z*, *Digimon*.

A emissora também inovou na programação. Era só começar a música "Eu não largo o osso" na voz das Paquitas que eu parava tudo o que estava fazendo (provavelmente brincando com Comandos em Ação ou alimentando meu Tamagotchi) pra assistir à *TV Colosso*. Além dos melhores desenhos que iam de *Capitão Caverna* a *Animaniacs*, eu nem piscava quando via todos aqueles cachorros falando, cantando e brincando com um realismo incrível. Tudo era tão perfeito que eu comecei a acreditar que um *sheepdog* poderia sim se chamar Priscilla e gostar de pipoca. Tamanha tecnologia me faz lembrar também da *Família Dinossauros*. Tudo ali era tão divertido e tão bem-feito que o Baby parecia ser meu amigo.

Já o SBT sempre foi nosso porto seguro. Sintonizar nele era ter a certeza de estar passando *Chaves* ou *Chapolin* (existe coisa mais perfeita do que isso?), ou então algum desenho do naipe de *Os gárgulas* ou *X-Men*. Além, claro, dos inúmeros programas que aprendemos a amar. Se não era o Comitê Revolucionário Ultrajovem do *Disney Club*, eram as *Chiquititas*, que a gente curtia, cujas músicas cantava acompanhadas de coreografia e tudo no meio da sala. Tão nostálgico quanto as *Chiquititas* foi *Carrossel*, um fenômeno gigantesco da época. Já o *Sábado animado* era uma das melhores partes do meu final de semana. Eu pedia até para minha mãe me acordar cedo pra não perder *Street Fighter II Victory* e o desenho do *Fly*, que na época eu jurava que era irmão do Goku.

Quando criança, estudei durante um período na parte da manhã e depois minha mãe me mudou pra tarde. Em meados de 96, eu e minha irmã estudávamos no mesmo horário e, por conta disso, ficávamos o período oposto juntos em casa também. Naquela época as coisas eram bem diferentes e ter uma pessoa trabalhando em casa diariamente era mais comum, não era coisa de novela. Nossa situação financeira nunca foi muito tranquila e ainda assim tínhamos a querida Lucélia trabalhando em casa, enquanto meus pais trabalhavam fora. Além de olhar a gente, ela lavava, passava, limpava a casa toda e ainda fazia um delicioso "pão frito". Assim chamávamos o pão com meia tonelada de margarina que a Lucélia preparava na frigideira com boas pitadas de sal. O famoso pão na chapa das padarias, só que sem a chapa.

A gente não precisava nem pedir. Por volta das 3 horas da tarde, lá estava a Lucélia adentrando a sala com os deliciosos pães fritos e um gigantesco copo com Nescau gelado. Melhor refeição para assistir aos belíssimos desenhos animados da TV Cultura. Eu e minha irmã gostávamos de muitos, mas *O pequeno urso* era disparado o preferido.

Outro que marcou bastante essa fase em que nossa única preocupação era se minha mãe iria trazer algumas moedas de chocolate no fim do dia (a gente chama de *coisinha*) foi o desenho da *Meena*.

Mas era só começar aquela musiquinha do *Glub Glub* que corríamos pra frente da tevê feito loucos. Foi no *Glub Glub* que aprendemos a amar desenhos que sequer tinham falas, como o antológico *Pingu*, o carismático pinguim que vivia com sua família no Polo Sul; ou o *Zeca e Joca*, a dupla atrapalhada que, acredite se quiser, teve origem na Tchecoslováquia. Isso sem falar nas mais diferentes animações que faziam nossa tarde mais feliz, como *Os sete monstrinhos*, que mais nos faziam rir do que assustavam; o covarde e igualmente engraçadíssimo *Ernest, o vampiro*; a *Pedra dos sonhos*, com aquela abertura que dá vontade de chorar; o desenho do *Doug* – que ainda nem tinha ido pro SBT na versão da Disney –; o belíssimos *Babar* e tantos outros desenhos incríveis.

A Cultura foi responsável por me fazer revirar o lixinho de casa pra achar uma caixa de leite a fim de transformá-la num foguete. Eles nos ensinaram também sobre história, música e até higiene pessoal.

No *Castelo Rá-Tim-Bum* vimos que sapatos, gatos e cobras poderiam trocar ideia tranquilamente. Etevaldo era meu ídolo.

Já no *Rá-Tim-Bum* (aquele da abertura com um bolo que voava na tela) aprendemos a sentar pra ouvir histórias, lavar as mãos depois de brincar a tarde inteira na lama e, principalmente, como eram feitas as coisas. O *rap* "Viu como se faz?" batia de frente com os

Racionais e mostrava processos de produção dos mais diversos objetos, como violão, lanternas e até vidro. O interessante era ver como funcionavam as fábricas naquela época: nenhum equipamento de proteção e operadores fumando tranquilamente enquanto trabalhavam. Praticamente um episódio do *Pica-Pau* das antigas. Aliás, pouca gente sabe, mas o *Cocoricó*, que é um dos programas de maior sucesso da Cultura, surgiu de uma aparição do Júlio no *Rá-Tim-Bum* pra só depois ganhar seu próprio espaço.

A emissora da Fundação Padre Anchieta teve ainda uma enxurrada de programas que conseguiam nos ensinar coisas legais sem ser chata. Quem nunca tentou reproduzir alguma receita do quadro de culinária do *X-Tudo* (e foi impedido pela mãe, já que tinha de usar o liquidificador)? E não pense que você foi o único a considerar que aprendia mais assistindo ao programa *O mundo de Beakman* do que copiando lição do quadro num caderno de brochura na aula de Ciências.

Foi também assistindo à TV Cultura que eu passei a me interessar por seriados. Mas nem só das séries gringas (e maravilhosas) como *Friends*, *Seinfeld*, *Blossom*, *Um maluco no pedaço* e *Barrados no baile* viveram nossos televisores. *Confissões de adolescente* marcou não só o começo de carreira da Deborah Secco e de outras atrizes da série, como meus primeiros medos, receios e desesperos sobre o que seria essa tal adolescência. Fiz bem em me fingir de morto por enquanto.

O *Mundo da Lua* foi outra maravilha produzida na época, e me fez perder noites de sono até ganhar meu próprio gravador de voz. Eu sonhava ganhar um gravador de mão, tipo aqueles de repórter, para registrar as histórias que eu mesmo escrevia aos montes quando era criança. Eu guardo com carinho até hoje pilhas de histórias, quadrinhos feitos à mão, cadernos como se fossem livros nos quais eu adorava escrever desde muito pequeno. Eu tive a ideia então de pedir um gravador pra narrar minhas histórias, inclusive com efeitos sonoros. Na minha cabeça, ao ligar a torneira do tanque de roupas da minha mãe eu poderia imitar o som de uma cachoeira pras minhas aventuras. Eis que o Natal chegou e eu finalmente ganhei meu gravador. A alegria foi grande, mas depois bateu um leve desespero. O gravador não era nada parecido com o do Lucas Silva e Silva. Era gigante, não funcionava com pilhas, somente ligado na energia, ligeiramente pesado. Apesar disso, eu cheguei a gravar muitas histórias nele, ainda que sem o som da cachoeira. Nem do tanque.

Lembro-me perfeitamente também da primeira vez que assisti a *Anos incríveis*. Foi amor à primeira vista. Que seriado profundo, bonito, inteligente. Os anseios do primeiro amor na escola, o medo de apanhar de algum babaca na rua, as inseguranças com o corpo, os laços e embaraços com a família. Tudo em *Anos incríveis* era facilmente adaptado para nossa realidade, para os nossos dias difíceis, os conflitos de amizade, as lições de afeto e respeito. Abençoada seja a geração que cresceu com Kevin Arnold.

A salada de frutas das apresentadoras infantis

Viajando pela galáxia com sua nave cor-de-rosa desde os anos 80, a Xuxa aterrissou com tudo em 90 para se tornar a maior e mais importante apresentadora infantil do Brasil, ficando inclusive entre as mais relevantes do mundo. Milhões de discos vendidos, apresentando programas no Brasil e no exterior, atuando em filmes de sucesso (coloca na conta aí que *Lua de cristal* foi a maior bilheteria dos anos 90 no Brasil) e ainda vendendo uma porrada de produtos, guloseimas e brinquedos. Pra você ter uma ideia, o *Xou da Xuxa 2* é o segundo disco brasileiro mais vendido na história até hoje. Só perdeu pro do Padre Marcelo, que a essa altura já estava até cantando "Erguei as mãos" ao lado do Pintinho Amarelinho ao *vivaço* no domingo.

Eu estava fazendo meu ritual matinal de comer Mirabel com Quik morango, quando, do nada, o *Xou da Xuxa* chegou ao fim em 92.

Depois do ligeiro programa dominical e a passagem pelos Estados Unidos, a loira voltou ao Brasil em 1994 pra apresentar o *Xuxa Park*. Copa do Mundo e a volta da Xuxa: haja coração, amigo!

As brincadeiras, as Paquitas e os Paquitos, os desenhos animados e as atrações musicais marcaram a imagem da Xuxa desde seu início de carreira até a chegada do novo milênio na tevê. Os decotes, as microssaias, os esporros, as piadas com conotações duvidosas e os discos rodados ao contrário também.

Mas o talento da Xuxa era inegável. Emplacou vários outros quadros e programas, como o *Xuxa Hits*, que trazia os músicos e as bandas que estavam bombando na época, e o emblemático *Planeta Xuxa*, marcando uma fase mais adulta da loira, já que o programa era voltado aos adolescentes e à família. Eu adorava assistir durante a tarde enquanto colava as figurinhas no álbum dos Mamonas. Aliás, foi no *Xuxa Hits* que algumas pérolas traumáticas inesquecíveis aconteceram.

Como se esquecer da música "Short Dick Man" da cantora Gillette? Ela se apresentou no *Xuxa Hits* em 1995 com essa belíssima canção dançante. A vocalista usava um blusão do Mickey e meia-calça enquanto os dançarinos superempolgados pareciam que tinham saído do *Final Fight* (eles eram aqueles inimigos bem fraquinhos do Stage 1). Cantando em inglês, talvez só meia dúzia dos que ali estavam percebeu o desastre que estava sendo dito naquele programa de maioria infantil. A poesia em forma de música começava, digamos, bem objetiva:

NÃO QUERO HOMEM DE PINTO PEQUENO
NÃO QUERO HOMEM DE PINTO PEQUENO
MICRO, PEQUENININHO, ENCOLHIDO
HOMEM DE PINTO PEQUENININHO
NÃO QUERO

A essa altura, inocentes crianças pulavam felizes cantando e balançando seus pompons brilhantes enquanto tias que foram ao programa na caravana de Bragança Paulista esbanjavam sorrisos e alguns pulinhos desconcertantes. Mas a música seguia sublime:

VOCÊ USA ALGUMA PINÇA PRA TIRAR ESSA COISA PRA FORA?
ESSE É O MENOR PINTO QUE EU JÁ VI NA VIDA
TIRE ESSA COISA DAQUI
NÃO QUERO HOMEM DE PINTO PEQUENO

Depois desse episódio, o melhor mesmo foi amenizar as coisas levando uma tribo indígena de verdade ao seu programa pra cantar "Brincar de índio" no palco. As crianças não entendiam uma palavra da canção, o clima era ligeiramente tenso e o cacique provavelmente planejava adormecer a loira com um tiro de zarabatana pra depois fugir dali em disparada. Mas felizmente nada – além de muita vergonha alheia – aconteceu ali.

Mas nem tudo foi Xuxa cantando "Ilariê" nos anos 90. Vinda da Bahia com seus longos cabelos escuros, a Mara Maravilha foi outro fenômeno da época. Começou sua carreira ainda criança como cantora e apresentadora e, mesmo muito nova, fez participações em programas voltados para adultos, tipo o *Show de calouros*, do Silvio Santos, e o já mencionado *Viva a noite*, do Gugu (ele está em todas).

Mas a estrela da Mara brilhou mesmo quando ela ganhou seu próprio programa no SBT, *Show Maravilha*, que em pouco tempo tornou-se sucesso de audiência, batendo diversas vezes a Globo no Ibope. A Mara tinha um jeito irreverente e desencanado de apresentar o programa. Adorava improvisar e soltar algumas frases hilárias. Do nada.

Não foi uma única vez que ela mandou beijos para todas as crianças que estavam assistindo, inclusive quem... "estivesse curtindo seu programa numa penitenciária". Depois de declarar muito amor aos pequeninos, Mara gostava de arrancar parte da sua roupa, dar uns chutes no ar ao melhor estilo *O grande dragão branco*, ficando só de sutiã no palco, e cantar o *hit* "Eu quero tanto beijar você/ Te dar prazer/ Quero tanto/ Oh-oh/ Perder o juízo". Perder o juízo? Imagina.

Ali no finalzinho de 80 surgiu a Simony – a queridinha do Balão Mágico –, que passou pela Globo, Manchete e ganhou seu primeiro programa no SBT chamado *Do Ré Mi Fá Sol Lá Simony*. Logo depois pulou para o *Show da Simony*, outro programa com o formato clássico da época que era certeza de sucesso: auditório com crianças desesperadas pra ganhar um Pogobol, brincadeiras que valiam pontos e algum brinde, atrações musicais e os tão amados desenhos animados intercalando os quadros. Apesar da curta carreira como apresentadora e uma mais longa como cantora, a Simony deixou sua marca na tevê no começo da década. Difícil foi para nós, singelas crianças de bochechinhas rosadas, entendermos pouco tempo depois – mais precisamente em 1994 – o que ela estava fazendo totalmente nua na capa da *Playboy*.

Daí depois a gente cresceu, entendeu tudo e achou ok.

Quando a sapequinha Simony saiu do *Do Ré Mi...*, quem assumiu o cargo foi a novata Mariane. Loira, carismática e também nômade, ela conquistou uma legião de crianças mesmo com suas idas e vindas entre emissoras e programas diferentes. Seu causo mais famoso ocorreu em 1991, quando foi demitida do SBT por ter cortado o cabelo ao estilo "Joãozinho" sem autorização da emissora (*aka* Silvio Santos). Quase trinta anos depois, atualmente ela é repórter do João Kleber na Rede TV!.

A dança das cadeiras era grande, porque quando a Simony deixou o programa *Nave da fantasia*, da TV Manchete, foi a vez de a Angélica estrear como apresentadora. A nave até que decolou, mas o sucesso veio de verdade no *Clube da criança*, quando Angélica assumiu o programa que estava sem uma apresentadora durante um bom tempo, já que a Xuxa havia se mandado pra Globo – o que talvez explique o início dos boatos de rivalidade entre as duas na época. Tínhamos aí um novo Sonic *versus* Super Mario.

Eu nem tinha aprendido a andar de bicicleta ainda e a Angélica já havia virado febre entre a criançada. Passou a apresentar o *Milk Shake*, ainda na Manchete, e só depois foi pro SBT, em meados de 93, pra se consolidar de vez na tevê com os programas *Casa da Angélica*, *Passa ou repassa* e o nostálgico *TV animal*, que antes era apresentado pelo Gugu (olha ele aqui de novo). Só em 1996 que a loirinha assinou com a Rede Globo para a estreia do *Angel Mix*, sucesso nas manhãs de segunda a sexta. Quando colocaram a *Caça-Talentos* – aquela novelinha da Fada Bela – dentro do *Angel Mix* as coisas só melhoraram. Já as notas na escola... caíram.

Com o triste fim do *Programa do Bozo*, em 1991, a *Sessão desenho* do SBT foi reformulada e agora tinha a apresentação da Vovó Mafalda. Quantas boas memórias assistindo aos desenhos e ouvindo os conselhos da Vovó nas manhãs de inverno, enrolado no cobertor. Pouco tempo depois eu finalmente conheci a Eliana, vinda do finado *Festolândia*, que durou menos de três meses no ar. Foi bem nessa época que ela teve a ideia genial de criar a música "Os dedinhos", já que o programa não tinha cenário (a Eliana levava uns papéis de carta de casa pra decorar o fundo do programa, que tinha um baixíssimo orçamento), não existiam bailarinas e o programa só tinha uma câmera. Os famosos versos "Polegares, Polegares, onde estão?/ Aqui estão!/ Eles se saúdam e se vão!" surgiram para resolver esse problema, já que a única forma que ela tinha de dançar era com os dedos.

Percebendo o talento da Eliana, um novo diretor que assumiu o comando no SBT em 1993 deu um belo tapa num estúdio que era do Serginho Groisman (saudades, *Programa livre*!) e convidou então a moça para um novo projeto: o *Bom dia & cia.*, que anos mais tarde passou a ser chamado de *Eliana & cia.* Fugindo um pouco do formato tradicional, o programa da Eliana no SBT não tinha plateia, espaço que foi preenchido por bonecos que interagiam com ela, como o computador Flitz, o famoso Melocoton, a Recicleia e a minhoca Bizuca. Foi assistindo a *Bom dia & cia.* que aprendi a fazer várias experiências legais, muitas vezes reciclando coisas que tínhamos em casa. Foi a Eliana também que nos ensinou a sempre usar tesoura sem ponta. Ela repetia tanto isso que esse mantra não saiu da minha cabeça até hoje. Só uso tesoura sem ponta.

Eu ainda estava tentando entender o que diabos teria acontecido com o Ronaldo naquela final da Copa de 98, quando a já conhecida Jackeline Petkovic assumiu o microfone do *Bom dia & cia.* A Jacky veio do escaldante programa *Fantasia*, sucesso nas tardes do SBT, com todas aquelas moças dançando com roupinhas iguais e tênis branco, brincando de bola num cenário de praia que parecia de *Os Trapalhões*.

O próximo passo da Eliana na década foi a mudança pra Record, com o *Eliana & alegria* na companhia de Chiquinho, Pitoco e mais uma série de personagens que figuraram a última e divertida fase infantil da rainha dos baixinhos-dedinhos.

Por fim, fica aqui a lembrança da Pat Beijo e seus *microsshorts* de ir ao show do Cidinho e Doca, mas que ela usava no palco mesmo, dignamente. Depois da rápida passagem pelo *Clube da criança*, poucas pessoas ficaram sabendo do paradeiro dela. Ela virou *youtuber*. Como eu.

ERA NESSA SALA QUE NOS REUNÍAMOS PARA ASSISTIR A TODAS AS AVENTURAS E REBULIÇOS DA TEVÊ. OLHA ELA ALI AO FUNDO — AO LADO DO SNES QUE MAIS TARDE SERIA VENDIDO PARA O KURT DA LOCADORA —, COMO SEMPRE CHIANDO. MINHA MEDITAÇÃO ERA UMA ESPÉCIE DE PRECE PARA QUE ELA VOLTASSE A SINTONIZAR NA BANHEIRA DO GUGU.

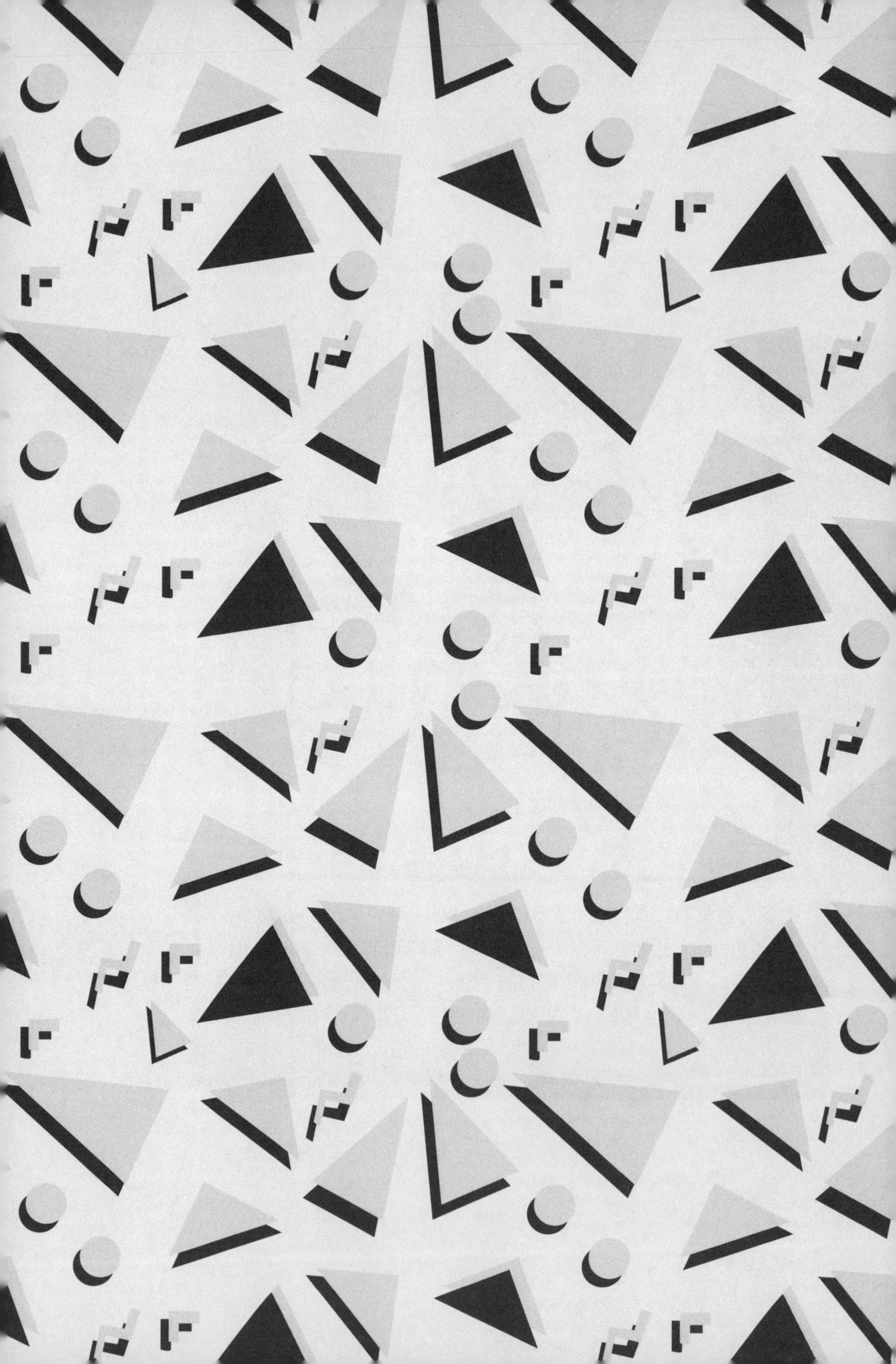

CAPÍTULO 9

"HOMEM PRIMATA, CAPITALISMO SELVAGEM, ÔÔÔ!"

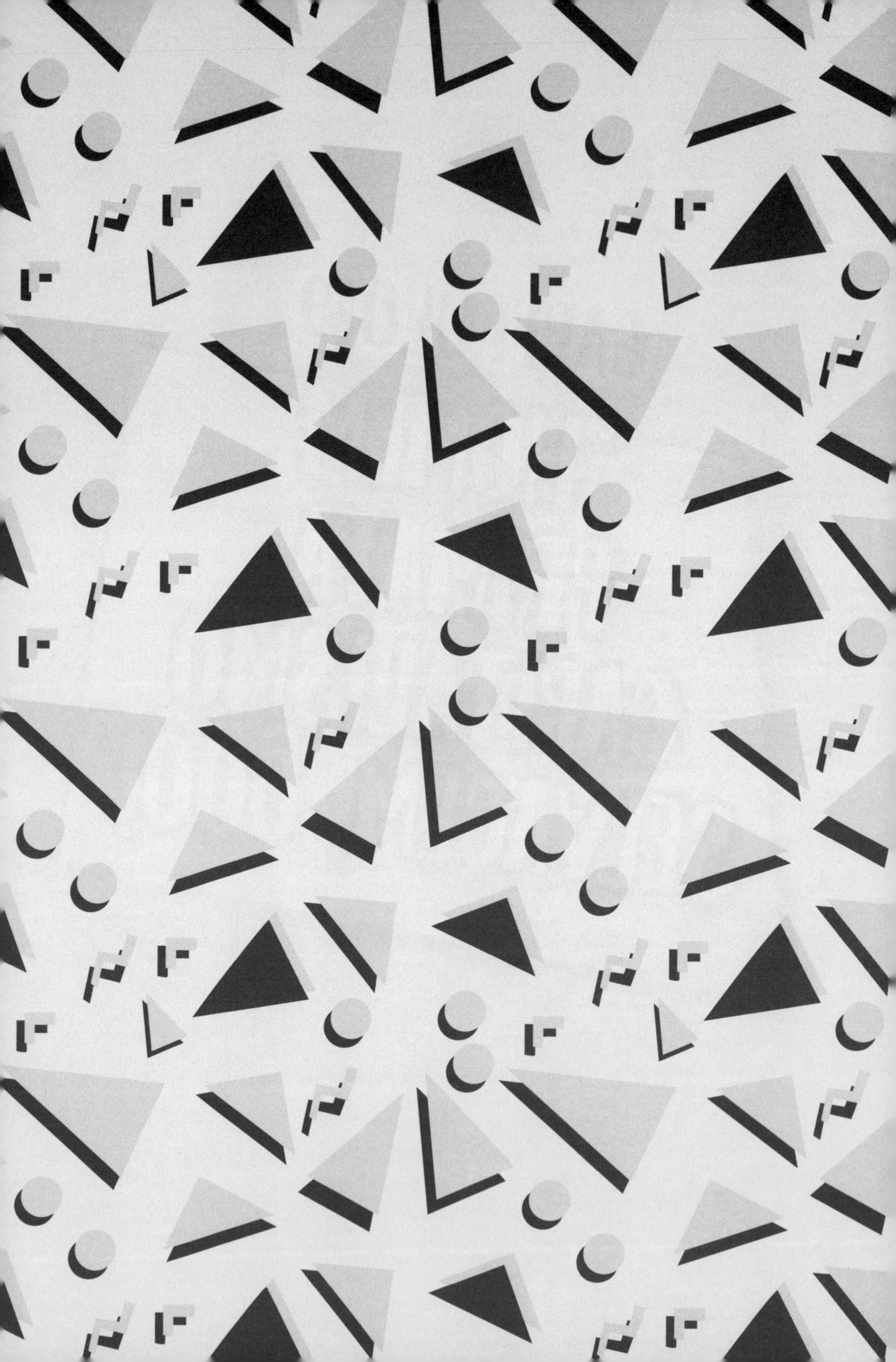

Em primeiro lugar, declaro para os devidos fins que, quando criança, eu cantava essa música dos Titãs assim: "Homem *que mata*, capitalismo selvagem...".

Cá entre nós, homem é um bicho que mata mesmo, mas o que morreu, no caso, foram algumas empresas muito conhecidas (especialmente por suas campanhas publicitárias e *jingles* grudentos) que, de certa maneira, deixaram saudades.

Poxa, deixaram saudades porque empresas, depois de algum tempo, acabam fazendo parte do cenário da vida das pessoas. Essas lojas de departamentos tinham mais charme do que os shopping centers de hoje em dia.

Pra você ter uma ideia, um primo meu morava em uma cidade do interior. Pensem bem: eu já moro numa cidade de pequeno para médio porte; a cidade do meu primo era, e ainda é, pequenininha. Tipo 20 mil habitantes.

Então, ele vinha nos visitar por dois motivos, não necessariamente nessa ordem:

1. SAUDADES DOS PRIMOS.
2. ANDAR DE ESCADA ROLANTE NUMA CERTA LOJA DE DEPARTAMENTOS.

Não sei se ele gostava mais de nós do que da escada, mas ele ficava subindo e descendo aquilo horas a fio. Quando sobravam alguns minutinhos, brincava com a gente.

Também nesse tempo acontecia uma coisa engraçada: cartões de crédito e débito não existiam. Essa angústia existencial por que passamos, quando nos perguntam "débito ou crédito?", não rolava na época.

Naqueles tempos, meu jovem, existia um negócio chamado cheque pré-datado, e outro negócio chamado crediário. Vou explicar para você, que nasceu depois dos comerciais da Poupança Bamerindus.

O cheque pré-datado era a moeda que circulava entre a galera mais pobre, ou de classe média, que não tinha grana para comprar tudo à vista (e o cartão de crédito era raro). Então nossos pais assinavam vários cheques, com as datas estabelecidas, que iam sendo depositados mês a mês. Assim se comprava a prazo.

Na verdade, essa forma de pagamento foi uma criação social, costumeira, que não tinha amparo na lei. Simplesmente as pessoas confiavam umas nas outras, até certo ponto, e só descontavam os cheques nas datas previamente combinadas. Quase como os caderninhos pra comprar fiado nos botecos de bairro. O dono do bar confiava em nossos pais, tudo no fio do bigode mesmo. O erro estava em nossos pais, que acreditavam que a gente não iria pegar uns Dip'n'Lik e mandar *pendurar*.

Pense bem: as pessoas "confiavam" umas nas outras. Muito anos 90 pra lá, isso.

Agora, dava uma quizumba danada quando o portador do cheque depositava antes, por má-fé ou por engano. Santo Deus, era treta. Meu pai ficava furioso com uma coisa dessas. Daí surgiu o termo "borrachudo", que eu só fui entender anos mais tarde.

Além do cheque (inventaram até uma maquininha de preenchimento de cheques, ia me esquecendo de contar), outro meio de pagamento no mundo analógico era o crediário. Essa prática ainda existe por aí, mas é cada vez menos usada.

Consistia numa ficha, espécie de arquivo do consumidor, na loja mesmo, preenchida quase sempre à mão; você garantia que era quem era, assinava, e todo mês ia lá pagar por livre e espontânea vontade. Minha avó só comprava assim, e nunca atrasou um dia. Tipo um Carnê do Baú. Orgulho era dizer que "pagava até adiantado".

Se você não pagasse, não acontecia grande coisa, na prática. A polícia não ia à sua casa, ninguém distribuía *nude* seu na internet, só que seu nome ficava sujo na praça, de um jeito meio informal; um falava para o outro. Hoje, acho que nem criança cumpriria o combinado.

Infelizmente, muitas dessas lojas e redes morreram durante os anos 90. As mudanças econômicas e a concorrência com empresas do exterior, além de medidas meio absurdas dos governos, quebraram muita gente.

Acontece, faz parte do mercado e de todo o processo de construção e desconstrução de marcas, produtos e serviços, mas para quem viveu naqueles anos, entrou numa daquelas lojas, cantou um daqueles *jingles*, rola uma inegável nostalgia.

Por exemplo, aquela musiquinha "**Mappin**/ Venha correndo/ Mappin..." está até hoje grudada em algum lugar bem no fundo do meu cérebro. Uma das maiores lojas de departamentos de São Paulo, chegou a ser ponto de encontro da elite paulistana, mas a partir dos anos 80 ficou famosa por suas liquidações e foi uma das pioneiras na criação dos tais crediários.

As lojas Mappin eram tão conhecidas que chegaram a ser confundidas com cartões postais de São Paulo. Quase irmã gêmea era a **Mesbla**, loja de departamentos que também marcou época na cultura *pop* entre os anos 80 e 90 e, como tantas outras, faliu. Problemas financeiros, troca de sócios, todas aquelas coisas que afetam a vida financeira das empresas.

Lembram-se da "**Arapuã**, ligadona em você"? Outra loja muito conhecida, dona de um dos *jingles* mais chicletes do segmento, fechou suas 300 lojas, pediu concordata, despediu-se do público. Hoje, o termo "ligadão" foi redefinido para menos. Mais ou menos como a **Parmalat**.

Ok, a Parmalat ainda existe, depois de ter passado por grave crise financeira e quase falido, mas o *hype* da empresa, ao menos no Brasil, foi nos anos 90, quando se tornou uma das líderes no setor de laticínios depois de começar uma longa (e vitoriosa) parceria com o Palmeiras, time de São Paulo.

Foi bom para o clube, que ganhou títulos, e foi muito bom para a empresa, que ganhou mercado, virou referência, reposicionou a marca e, como cereja do bolo, foi protagonista de uma das campanhas publicitárias mais marcantes de todos os tempos: aquela dos "bichinhos da Parmalat", em que crianças muito bonitinhas se vestiam de bichos no embalo de uma canção tão bem-feita quanto o resto: "O elefante é fã Parmalat...". Os anos 90 acabaram e a empresa quase acabou junto. Está aí, sobreviveu, mas nunca mais foi a mesma.

Quem não sobreviveu foi o **Playcenter**, parque de diversões inaugurado em São Paulo nos anos 70 e fechado em 2012. Durante minha infância, ir ao Playcenter, querer ir ao Playcenter, sonhar em ir ao Playcenter era a rotina de quase todas as crianças deste país.

Aqueles brinquedos enormes, as filas ainda maiores, o carimbo na mão, que durava meses e parecia a inscrição do próprio capeta na sua pele... Ah, Disney pra quê? Fui ao Playcenter, peguei fila no Playcenter, vomitei depois de rodopiar num dos brinquedos do Playcenter. A felicidade pode ser resumida àquele momento em que o funcionário do parque abria a portinha do brinquedo, depois de duas horas e meia de fila e sol na cabeça, antes da tontura e dos enjoos. A felicidade da minha infância ficava ali, naquele momentinho.

Não foram somente empresas que, nos anos 90, prosperaram para depois fechar as portas. Seguimentos inteiros do mercado, que pareciam empreendimentos infalíveis, hoje são quase motivo de piada. Naqueles anos, se você quisesse ter seu próprio negócio, abriria uma **escola de inglês**. Havia para todos os gostos: desde as grandes redes até as escolas locais, cada cidade tinha a sua.

Quase todas tinham a palavra *easy* (fácil) no meio, para animar a galera. Sabemos que isso não deu muito certo...

O jeito de aprender inglês mudou muito. Hoje, quem precisa saber, aprende de forma quase natural, tamanha a exposição a filmes e séries, músicas e games. Na época, você entrava numa escola de inglês porque seus pais falavam que o mercado de trabalho falou pra eles que era importante e urgente. Daí você tinha urgência em aprender inglês e o curso nas escolas durava uns dez anos. Uma vida.

Hoje, todas aquelas escolas de inglês fecharam. Nos prédios onde ficavam, eu vejo farmácias e casas de suco.

Ainda no quesito "como se dar bem na vida", lembro-me de outra, digamos, "profissão" muito comum da nossa querida década: homens que se casavam de mentira com uma japa para **trabalhar no Japão**. Sabiam disso? Pois é. Às vezes o cara tinha família aqui, mas forjava um casamento *fake* com uma japa sempre feiona (para não cair em tentação, acho) e ficava uns três, quatro anos trabalhando como escravo em fábricas japonesas. Juntava um dinheiro para voltar e comprar uma casa. Acho até que meu pai quis fazer isso na época.

Sobreviver naqueles anos não era fácil não, meus jovens.

Para terminar, muita gente se lembra do **Banco Nacional**. Sim, um banco. Bancos não são o tipo de empresa de que a gente faz muita questão de se lembrar, muito menos com saudade, mas no caso foi marcante porque foi um dos grandes patrocinadores do **Ayrton Senna**. Muita gente ostentava aquele boné azul com o símbolo do banco, que o Senna usava. Eu não sei exatamente o porquê, mas naquela época os bonés de banco, vereador e loja de materiais de construção eram utilizados como um acessório bem aceitável na sociedade. Alguns achavam bonito, até.

Daí o Senna morreu, o que é triste até hoje de se lembrar, e o banco faliu, acabou, foi comprado, trocado, revendido, emprestado, sei lá, essas operações complicadas e misteriosas que só os banqueiros sabem fazer.

Tudo na vida (e nos anos 90) tem começo. E tem fim.

ESTÁ AÍ O TAL BONÉ DO BANCO NACIONAL: PRESENTE EM 99% DOS LARES BRASILEIROS NA ÉPOCA.

CAPÍTULO 10

NO ESCURINHO DO CINEMA

O cinema é como o *rock*: entra ano, sai ano e dizem que acabou, que vai acabar, que já foi melhor.

Mas continuam aí, firmes e fortes, os defuntos: o *rock* e, claro, o cinema. Que, aliás, cresceram mais ou menos juntos, como irmãos com bons anos de diferença de idade. Representaram muito da revolução comportamental e cultural que hoje, pra gente, soa como se tivesse sido sempre assim.

Não consigo imaginar minha vida sem música *pop* e sem os filmes.

Nos anos 90, a propósito, tivemos filmes icônicos, inesquecíveis e influentes. Foi talvez a última década de uma certa era do cinema, um pouco antes de toda a revolução digital e de distribuição de filmes que se seguiu.

Para quem não sabe, a Netflix começou como uma empresa de locação de filmes e entrega em casa, em 1997. Você fazia uma assinatura mensal no site e recebia os DVDs pelo correio. Ficava com eles o tempo que correspondesse ao seu modelo de assinatura, devolvia à empresa e estávamos conversados.

O resto é história.

Porém, antes da história do *streaming*, o jeito de ver filmes era o de sempre: ou na tela grande dos cinemas de rua, ou em casa numa tevê com Bombril na antena. Manchete pegando bem era um sinal divino pra jogar na Loteria.

Aliás, que saudades de ver filmes em cinemas de rua! Era outra experiência, que foi sendo cada vez mais empobrecida com os cinemas em shopping centers e, agora, com as telas do computador ou mesmo do celular.

Mas voltando, não que eu tenha alguma coisa contra toda a revolução que a internet proporcionou: de jeito nenhum! Lamento apenas que algumas dessas experiências tenham ficado para trás, ou sejam cada vez menos frequentes.

Seja como for, mesmo eu sendo criança – crescendo aos poucos, com a década – nos anos 90, absorvi muito do impacto que esses grandes filmes, atores, atrizes e diretores tiveram no imaginário e na cultura popular.

Nem todos esses filmes, naturalmente, eram próprios – ou mesmo compreensíveis – para garotinhos inocentes como eu. No entanto, pensando bem, havia certa inocência criativa, ou idealismo, ou alguma coisa parecida com isso, em alguns dos filmes mais emocionantes e antológicos da década. E dá-lhe *Sessão da tarde* num dia e *Cinema em casa* no outro.

Por exemplo, ***Uma linda mulher* (1990)**, com a Julia Roberts, musa queridinha (com razão) da época, e Richard Gere, galã que popularizou o shampoo tonalizante Grecin Tons de Grisalho. É, isso existe.

O filme é uma espécie de conto de fadas vivido por uma prostituta super gente boa e um executivo solitário à procura não de sexo selvagem, mas de um bom papo. (Só em cinema, mesmo.) Eles se encontram, parece que vão acontecer coisas impublicáveis no horário nobre, mas não: dois solitários, amizade e, que bonito, o amor.

Recapitulando: uma prostituta, um executivo deprimido e virou filme pra família. Sem ironia.

Bem diferente do hoje *cult* **Instinto selvagem (1992)**, que, como direi?, foi a coisa mais próximo de filme erótico *hard* a que assisti no *SuperCine* (lembram-se do comercial da Campari?), depois de ficar um pouco mais homenzinho, lá com meus avançados 8 ou 9 anos.

Aquela cruzada de pernas educou (e enlouqueceu) tanta gente...

Falando em erotismo, ***Entrevista com o vampiro*** **(1994)**. O filme é bom, com Tom Cruise, Brad Pitt, Antonio Banderas e grande elenco, porém é o responsável por toda essa onda de filmes com vampirinhos *emo* e meio tristinhos que a gente está cansado de ver por aí. Hoje, vampiro parece estilista. Blogueiro que recebe mimos.

Nesse clima sombrio, outros filmes foram mais interessantes e aos quais podem ser assistidos com proveito até hoje.

Edward mãos de tesoura **(1990)**, do inimitável diretor Tim Burton, é certamente um dos meus prediletos. Numa interpretação impressionante de Johnny Depp, e com a também ótima atuação de Winona Ryder, o drama gótico pode ser entendido como uma sátira ou crítica das convenções sociais. Aliás, durante muitos anos eu achei que o Edward era vocalista do The Cure, mas isso é outra história.

Aquela coisa: numa sociedade muito arrumadinha ("cenário" dramático do filme), um indivíduo muito diferente acaba bagunçando o coreto, desarrumando os costumes e tocando em alguns nervos expostos. A comunidade não lida bem com isso e quer de todo jeito sumir com o sujeito da face da Terra.

Pra se pensar.

Falando nas convenções sociais, quem nunca deu a mínima para elas foi o diretor americano Quentin Tarantino, criador de uma estética de violência *gamificada*. De todos os seus filmes, e embora eu goste muito de ***Cães de aluguel*** **(1992)**, o mais lembrado e influente é, sem dúvida, ***Pulp Fiction*** **(1994)**.

A violência extrema desse filme é estilizada de tal modo que, quando eu era criança, assistia àquilo como se fosse jogo de *videogame* ou desenho de super-herói. E os diálogos?

Na época eu não entendia nadinha dos diálogos, mas soavam engraçados. Principalmente o Samuel L. Jackson falando com aquele sotaque dele.

Chega de violência!

Pensemos em coisa boas, como, deixe-me ver, um maluco inocentão que desata a correr Estados Unidos afora, conta e ouve histórias, presencia acontecimentos importantes, conversa com as pessoas mais influentes, influencia outras, é triste e é feliz, e tudo isso resulta num filme mágico, entre os mais queridos daquela década: ***Forrest Gump* (1994)**, dirigido por Robert Zemeckis e estrelado brilhantemente por Tom Hanks. Aqui na minha cidade um cara que fazia mais ou menos essas coisas era o Purga, um daqueles doidinhos que toda cidade do interior tem, perambula por tudo que é canto e é amigo de todo mundo. O Purga é gente boa.

E os filmes inspirados em games? De tão ruins eram bons pra caramba. Um ótimo exemplo disso é o ***Street Fighter – A batalha final* (1994)**. Com tantas diferenças entre o clássico do fliperama e o filme, fica difícil saber se estamos realmente assistindo a um filme do *Street Fighter*. Mas também ele não é dos piores; eu adorava na época. A dublagem é um show à parte. É claro que no ano seguinte seu arquirrival não deixou barato: chegava aos cinemas ***Mortal Kombat – O filme* (1995)**. Mais uma película que despertou amor e ódio no público e na crítica especializada, mas de que toda criança feliz foi capaz de gostar. Eu tinha uma VHS com esse filme e perdi as contas de quantas vezes lhe assisti. Até que um belo dia meu pai gravou *Globo rural* por cima dele. Trauma de infância.

Isso me lembrou o sensacional ***O Máskara* (1994)**, obra-prima do genial Jim Carrey, que naquele mesmo ano emplacou também o *Ace Ventura* e o *Débi & Lóide*. A fita VHS com *O Máskara* gravado virou uma espécie de talismã pra mim. Eu a guardava numa caixa de sapatos no meu guarda-roupa (aqueles da Marabraz com nome de gente) e não gostava nem que chegassem perto. Ah, os tesouros simplórios da nossa infância...

Já na categoria "filmes que farão sua mãe, sua tia, sua irmã, sua avó chorarem" tivemos pelo menos dois, entre tantos, dos que eu mais me lembro: ***Ghost* (1990)**, clássico da *Sessão da tarde*, dirigido por Jerry Zucker, história de amor entre a Demi Moore e o Patrick Swayze.

Casal apaixonado, que tinha acabado de se casar e ainda não conhecia a crise dos 7 anos, vivendo feliz para sempre. Até que ele se mete numa enrascada, morre, e a moça fica sozinha fazendo vaso de barro.

Então ele, fantasma, conhece a Whoopi Goldberg, vidente, e combina com ela que ele vai entrar no corpo dela e ela vai ser ele, sendo ela, para a mulher dele, que continua viva e sendo ela mesma fazendo vasos.

A mulher custa a acreditar que a Whoopi Goldberg é o Patrick Swayze; faz sentido, mas até que ela acredita. Então eles meio que namoram pudicamente ali, do jeito que deu mesmo, e as mães, tias, irmãs e avós choram, choram, choram sem parar.

Fim.

O outro, dessa época, feito meticulosamente pra todo mundo chorar foi o ***Titanic* (1997)**, com direção de James Cameron e protagonismo de Leonardo DiCaprio e Kate Winslet. Aquilo foi apelação. Vale lembrar que o *Titanic* foi uma espécie de *O senhor dos anéis* do seu tempo: as pessoas meio que se desafiavam a assistir àquelas três horas e lá vai fumaça de filme. O videocassete chegava até a esquentar. Aliás, foi aí que conhecemos a lendária VHS dupla. Sim, pra quem não lembra, o *Titanic* vinha em duas fitas de vídeo. Luxo, ostentação e requinte.

Mas voltando ao filme, eles se conhecem no navio Titanic, flertam, trocam ideias, ele desenha ela pelada, os dois se penduram na ponta do navio, pegam resfriado, namoram depois de não sei quantos minutos de filme, até que o inafundável navio bate na primeira pedra de gelo que aparece pela frente e começa a afundar.

Nisso, todo mundo tenta se salvar, entra água pra todo lado, uns caras que devem ter tomado todas continuam a tocar violino, as mulheres vão pulando nos botes, os homens vão pulando na água e, por fim, rola uma DR de respeito entre ele e ela.

Ela está salva e boiando num pedaço de uns 30 metros quadrados de navio. Ele, congelando na água, despedindo-se dela, morre não morre, até que morre.

Ela chora e tal.

Mas que tinha espaço naquele pedação de navio quebrado ali dela, tinha. Era quase uma canoa.

Foram muitos, muitos filmes legais e emocionantes e engraçados que surgiram nos anos 90, e minha memória é repleta de imagens e sons de cada um deles. Impossível não citar ***Esqueceram de mim* (1990)**, melhor filme de Natal que existe (depois de ***Duro de matar***, é claro), de quando o Macaulay Culkin ainda era bonitinho e não tinha entrado pra vida do crime. Natal sem assistir a *Esqueceram de mim* na tevê enquanto minha mãe e minhas tias ficavam desesperadas com os preparativos pro Natal não era Natal.

E ***A Família Addams* (1991)**, com elenco maravilhoso e todo aquele humor negro de que até criança gostava, mesmo tendo medo?

Além disso, nos anos 90, antes da internet, muitos dos filmes da década de 80 passavam incessantemente na *Sessão da tarde*, no saudoso *SuperCine*, na *Temperatura máxima* e em todas essas sessões da tevê aberta a que gente humilde como nós assistia antes das facilidades todas de hoje em dia.

Geração perdida, essa de agora, não sabe o que é dificuldade.

Se tem um filme que virou praticamente sinônimo de *Sessão da tarde* é ***A lagoa azul* (1980)**. Certamente um dos mais reprisados na tevê, tornou-se um clássico entre a criançada, mesmo não sendo exatamente um filme infantil.

Naquela época a gente mal entendia a história, inclusive até hoje muita gente não sabe se eles eram irmãos, uma confusão danada. Seria um típico filme água com açúcar que passava às 3 da tarde, não fosse pelas cenas mais *calientes* que rolavam entre o casal.

A belezinha da Brooke Shields se engraçando lá com um caiçara qualquer que nem quero saber quem é até hoje.

A propósito, outro filme que parecia ser água com açúcar, mas que nos fez chorar feito criancinha – que éramos –, foi o dramático ***Meu primeiro amor* (1991)**. Toda vez que eu reassistia a esse filme tinha a esperança de que o final seria outro, de que o Thomas não morreria com aquelas abelhas malditas. Sendo sincero, tenho essa esperança até hoje.

Outro filme da *Sessão da tarde* que eu sei praticamente de cor, de tanto que assisti, foi o inoxidável ***Elvira, a rainha das trevas* (1988)**. O filme conta a história de uma apresentadora de tevê decadente que do dia pra noite recebe herança de uma tia que ela nem sabia que existia, mais ou menos como os primos que a gente encontra no Natal e nem sabia que existiam.

Elvira, a rainha das trevas me parecia um filme horripilante, com cenas que realmente me davam medo, mas com muito bom humor. Destaque absoluto pra Cassandra Peterson, toda *sexy*, engraçada, malvada e tal.

Até hoje, quando vou me arriscar na cozinha pra tentar preparar algo diferente, eu penso que a qualquer momento pode sair um monstro absurdo da panela, exatamente como acontece naquela cena clássica do jantar. Eu preciso parar de assistir a filmes antigos antes de dormir. E de cozinhar também.

The end.

PIXAR
WALT DISNEY CLÁSSICOS
0023725
105 Min.
A 012335
WALT DISNEY
HOME VIDEO
VIDA DE INSETO
A BUG'S LIFE (DUB)
UM PRODUTO ABRIL MULTIMÍDIA
EJECT
Panasonic
Video Cassette Recorder NV-G46

QUEM DIRIA QUE UM DIA SENTIRÍAMOS SAUDADES DE COLOCAR A VHS NO VIDEOCASSETE E OUVIR AQUELA VOZ BACANINHA DIZER: "AJUSTE AGORA AS CORES E O SOM DO SEU EQUIPAMENTO"?

CAPÍTULO 11

A MODA DOS QUE NÃO FORAM

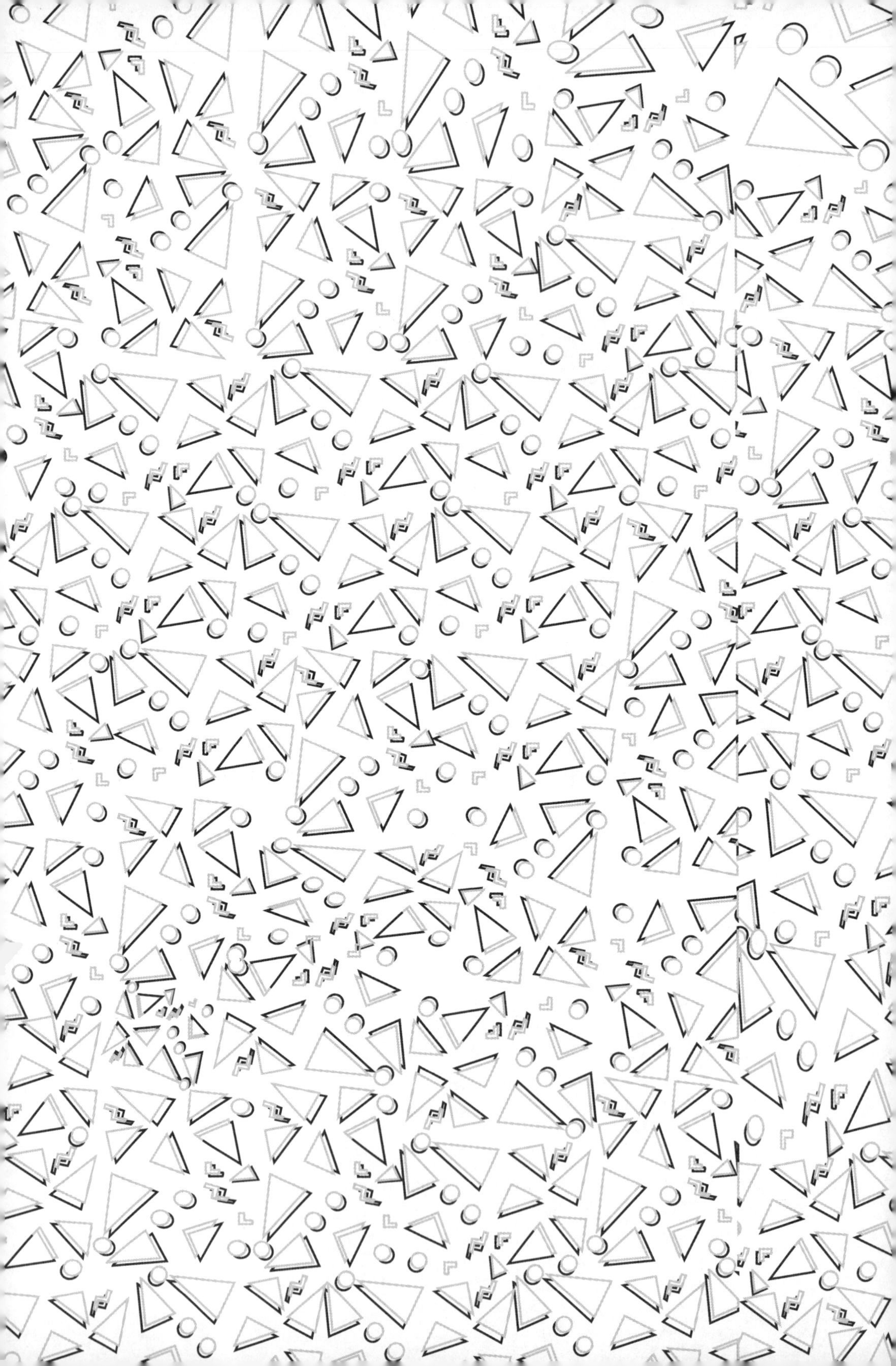

Poucas coisas marcam tão bem determinada época do que as roupas e os acessórios. A moda indica muito bem certas tendências e humores. Ora mais discreta, ora muito extravagante. É sempre curioso – e divertido – lembrar e registrar algumas das preferências, gostos e desgostos dos anos 90.

A primeira coisa que tenho a declarar é que, sob o ponto de vista das gerações anteriores, os anos 90 não cumpriram o prometido. O prometido era que todo mundo ia se vestir de roupa prateada, impermeável e autolimpante no final do milênio. A profecia dos *Jetsons* não se realizou aqui.

Num tempo sem internet, pouca coisa servia de referência. O país começava a receber publicações estrangeiras, livros, seriados e revistas, mas principalmente: a MTV nascia e, claro, influenciava muito o comportamento e as roupas da galera.

No entanto, ainda que aparecessem aqui e ali algumas tendências dominantes, ninguém parecia querer se enquadrar em coisa nenhuma. Ou não queríamos ou não tínhamos modelos tão fortes assim. Num dia você se fantasiava de Kurt Cobain para ir à escola e de noite queria ser dublê de jogador de basquete americano.

Falando no Kurt, logo no começo da década aconteceu a explosão do *grunge*, estilo de música e comportamento que teve origem em Seattle e revelou outros importantes nomes como Eddie Vedder (Pearl Jam), Chris Cornell (Soundgarden) e Layne Staley (Alice in Chains).

O *grunge*, mais do que o gótico, o *metal* e o *new wave*, na década anterior, foi uma espécie de "anticomportamento", que por consequência influenciou uma "antimoda". Talvez não de um jeito muito consciente, mas a moda *grunge* consistia numa preguiça da moda, numa falta de preocupação com ela. Então os garotos e as garotas vestiam uma bermuda longa e xadrez, amarravam uma blusa na cintura, cobriam tudo com uma camiseta larga e estávamos conversados.

Meu irmão mais velho andava como um digno adolescente da década: cabelos compridos, sem corte algum e lavados com muito Neutrox. O boné jamais saía da cabeça e variava entre um surrado da Chicago Bulls e um cobiçado da Charlotte Hornets (aquele da abelhinha segurando uma bola de basquete) com uma bela placa de metal na frente. Pra entrar no banco só arrancando o boné. Vai ver por isso ele odiava ir ao banco.

Pra fechar o *look*, uma regata azul-piscina por cima da camiseta Side Play, um *jeans* rasgado (no qual ele tinha o estranho costume de desenhar coisas com caneta também) e um All Star sujismundo. Já meu tio – fiel escudeiro desse meu irmão – fazia uma linha mais roqueiro *cult* e gostava de escrever as letras da Legião Urbana na calça. Como ele era alto, coube até a "Faroeste caboclo". Já no meu irmão, no máximo "Há tempos".

O engraçado é que estávamos fazendo parte de uma moda, um estilo esquisitíssimo de uma década, da qual sequer sabíamos estar participando. Lembro-me da minha irmã se vestindo pra ir fazer aulas de dança de rua (*Street Dance* para os que queriam impressionar). Camiseta da Lilica Ripilica, calça bailarina e Melissa transparente com meias coloridas. No cabelo um bico de pato dourado com presilhas de borboletinha e no punho um *frufru* que, teoricamente, era pra estar no cabelo também, mas por algum motivo todas as meninas usavam no braço. Isso quando não íamos à praia no fim de semana – algo que acontecia mais raramente que aqueles eclipses durante os quais precisávamos usar negativos fotográficos – e minha irmã voltava com trancinhas tererê no cabelo diretamente da banquinha *hippie*.

Eu via alguns caras mais velhos da escola (e morria de medo deles) usando umas roupas coloridas – cintilantes mesmo –, blusas em cores psicodélicas, cabelos que pareciam ter sido pintados com marcador de texto, *piercings* e tatuagens. Só depois fui descobrir que era influência principalmente do The Prodigy, do malucão Keith Flint (eu tenho medo desse cara até hoje). Era a galera do *techno*, da música eletrônica, os *clubbers*, que também foram peças importantes nessa salada de frutas que foi a moda de 90.

É meio bizarro elaborar isso e não quero que me agridam na rua, mas a moda *noventista* foi uma mistura que mais ou menos deu certo e mais ou menos deu errado da tribo *techno* com a tribo *grunge*, mais os VJs da MTV, pitadas de Spice Girls e Backstreet Boys, resultando num cruzamento de *Um maluco no pedaço* e *As patricinhas de Beverly Hills*.

Desculpa, gente.

Somente aos poucos a abertura comercial trouxe marcas e acessórios mais sofisticados. Quem tinha a sorte (ou dinheiro, ou uma tia rica e caridosa) de ir ao exterior queria uma jaqueta *jeans* do Hard Rock Café. Poucas roupas eram mais ostentação do que essa jaqueta. Quanto mais longe o país, melhor.

Camisetas gigantes, calças e bermudas de personagens de desenhos animados como Mickey, Taz Mania e Piu-Piu viraram peças essenciais em guarda-roupas de adultos e crianças. Não era difícil eu ver as amigas da minha mãe no trabalho usando uma camiseta XXG do Patolino, um terninho com ombreira por cima e uma calça *jeans* centropeito (?).

Já as crianças e os adolescentes queriam ter uma saudosa camiseta da Fido Dido, da Bad Boy ou da caríssima Big Johnson. Pra dar o contraste, uma calça poperô gigantesca (ou *baggy*, pra quem preferir). Foi nessa época que surgiu a febre do tênis de luzinha

– Le Cheval vive! –, o Rainha branco, que era perfeito pra ir à escola, à missa, a um batizado ou escalar uma montanha. Deus perdoe quem criou o Rainha System – aquele cujo amortecedor você tinha que trocar conforme o terreno que pisava –, ele não sabia o que estava fazendo.

Dentre os acessórios, os bonés de basquete coloridíssimos foram itens dos mais cobiçados da época. Aliás, tão cobiçados que se transformaram em moeda de troca: objeto preferido por todo ladrão pé de chinelo. Nos anos 90 ou eles roubavam seu boné ou seu relógio. Eu acho que nem dinheiro eles queriam.

Ganhar ou comprar um boné de um dos times da NBA significava duas coisas: que você seria invejado e que tentariam lhe roubar o boné. Deve existir até hoje um supervilão, escondido num castelo, que ficou com todos os bonés roubados naquela época, acredito nisso.

Uma roupinha muito da sem-vergonha que, sabe-se Deus o motivo, caiu nas graças de muita gente foi a tal jardineira *jeans*, vestimenta que parecia uniforme de mecânico de carros. Do jeito que veio, foi, não sem levar junto a indescritivelmente esdrúxula pochete, a papete (que meu pai usa até hoje) e o chinelo Rider: pesado, grosso e fedido. Tudo o que um chinelo não poderia ser. Aquilo provocaria chulé até num anjo.

Ao contrário da exuberância meio cafona dos anos 80, a década de 90 teve tantos estilos e foi tão confusa em termos estéticos que, no fim das contas, não teve moda nenhuma.

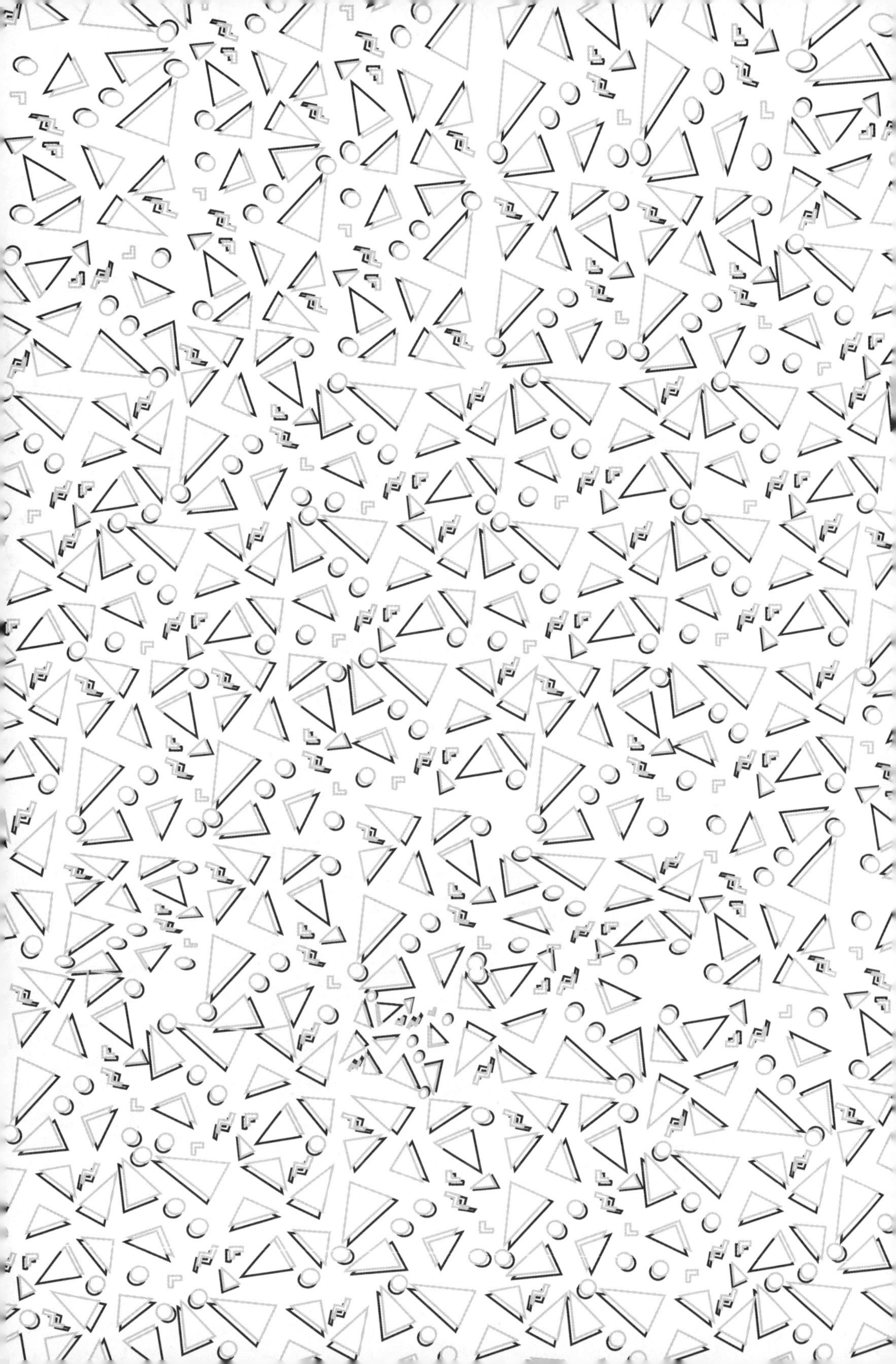

ESSE COM A VISEIRA DO RODRIGUINHO DOS TRAVESSOS SOU EU. DESTAQUE PARA O BERMUDÃO XADREZ NUMA LINHA MEIO GRUNGE INFANTIL. AO MEU LADO, MEU IRMÃO E SUA INSEPARÁVEL CAMISETA DA BAD BOY COM UM GOLEIRO ASSUSTADO (?)

CAPÍTULO 12

MUSAS E GARANHÕES

Como tudo nessa vida, nossos conceitos e preconceitos de beleza, elegância e *glamour* mudam de geração para geração. A televisão e principalmente o cinema eram pródigos em apresentar ao público os galãs e as musas que povoariam nossos sonhos.

Vocês já ouviram falar de Cary Grant e Audrey Hepburn? Humphrey Bogart e Ingrid Bergman? Esses eram atores e atrizes que nossos avós admiravam. Bonitos, elegantes, com aquele ar de gente rica e educada.

Mas o mundo andou mudando de lá pra cá, o Brasil é sempre uma versão pioradinha do mundo, e os anos 90 não me deixam mentir. Claro que no cinemão ainda tivemos casais como Julia Roberts e Richard Gere, Kate Winslet e Leonardo DiCaprio.

Porém, minhas memórias de infância foram afetadas para sempre. Cresci assistindo à tevê aberta, sem essas facilidades de internet, tevê por assinatura, canais gringos cheios de frescura. Pra mim era SBT mesmo, era Globo, era Manchete pra ver *Cavaleiros dos Zodíaco*. Vi meus amigos se apaixonando pela Kimberly – sim, a Ranger Rosa. Cresci vendo as garotas do programa *Fantasia* com *microsshorts* dançando loucamente. Passei a infância vendo a Xuxa de roupa curtíssima apresentando seu programa.

Meu sistema operacional interno foi severamente danificado.

Não que eu não gostasse de ver, lá com meus 6, 7 anos de idade, moças angelicais como a Ana Paula Arósio, por exemplo.

Ela estava na capa do caderno, nas novelas e nas campanhas publicitárias. Só que, se tinha Ana Paula Arósio, tinha também a Alessandra Negrini, bonita e, digamos, proibida para menores. Um tempo depois, a Ana Paula Arósio também chutou o balde em *Hilda Furacão* e deixou todo mundo de olhos arregalados em frente à tevê.

Só que até aí até que tudo bem.

Enquanto Carla Perez, Sheila Mello e Scheila Carvalho dançavam na boquinha da garrafa, rebolavam até o chão e expunham seus *nudes* ao grande público no palco do *Domingo legal*, antes que os *nudes* fossem expostos em telinhas pequenas de celular, também desfilavam por aí, nos palcos de *rock* dessa vida *noventista*, cavalheiros como Axl Rose, com um shortinho colado não se sabe onde, fazendo aquelas dancinhas esquisitas que as meninas adoravam. Teve até o Pedro Bial comentando do bumbum do Axl Rose numa transmissão ao vivo do segundo Rock in Rio.

Quem não tem Cary caça com Axl.

As meninas adoravam também o Slash, guitarrista dos Guns N' Roses. Até hoje eu olho pra esse cara e fico intrigado. Se eu quisesse deixar meu cabelo que nem o dele, minha mãe bateria em mim e eu nunca na vida teria me casado. Como o cabelo era dele, não meu, virou galã. Guitarra faz milagres.

(Nota: tempos atrás o Axl Rose esteve aqui no Brasil. Ele tá parecendo uma avó dona de confeitaria.)

Voltando aos palcos nacionais, um dos programas de maior sucesso de público jovem na Band foi o *H*, programa de variedades apresentado por Luciano Huck.

Eis que num belo e inocente dia surge no programa uma morena cheia de responsabilidade, com máscara e cinta-liga, disposta a chicotear aqueles que se dispunham a ser chicoteados. Era a vez da Tiazinha.

Foi meu primeiro e infantil contato com o mundo do sadomasoquismo. Faço terapia até hoje.

Ainda no programa *H* apareceu a misteriosa Feiticeira, vestida de véu e quase mais nada, ao melhor estilo *Jeannie é um gênio*, versão +18, com o intuito inicial de tapar o buraco de meia hora a mais que o programa havia ganhado.

Joana Prado – ou melhor, a Feiticeira – em pouco tempo conseguiu se tornar a namoradinha imaginária dos homenzinhos imaginários que éramos naqueles tempos. Exemplo de vida, ela.

Enquanto isso, num dos muitos e intermináveis programas do SBT, domingo, por volta das 2 horas da tarde, apareciam galãs como o Jean-Claude Van Damme, astro de filmes de artes marciais, que lá pelas tantas, ao dançar com a Gretchen, ficou, digamos, um pouquinho empolgado demais em rede nacional.

Um dia normal nos anormais anos 90.

De repente, um time com as musas mais cobiçadas da época adentrava uma banheira para... caçar sabonetes. Isso é o que eu chamo de pretexto fajuto para mostrar as partes. Eram o sonho de consumo dos marmanjos da época. Hoje em dia, a maioria delas está fora da mídia, quase todas com mais de 40 anos, postando fotos com os filhos em frente àqueles bolos *fakes* gigantes de buffet infantil.

No meu tempo, festa de aniversário era um bolo de brigadeiro prestes a desmoronar, uma dúzia de brigadeiro e, com sorte, alguns rissoles de queijo.

Mas voltando, a *Banheira do Gugu* sempre trazia uns caras que quase ninguém conhecia (com exceção do Tiririca e do Batoré) e mulheres do calibre da Luisa Ambiel, Helen Ganzarolli, Solange Gomes, Alessandra Scatena, Núbia Oliver e a inesquecível Nana Gouvêa, justamente na época em que ela saiu na *Playboy* (quando a *Playboy* ainda mostrava gente pelada de verdade) como musa do Botafogo.

E como se esquecer da Mari Alexandre na banheira com todas aquelas coisas que a gente não entendia direito pulando pra fora?

Os caras dos Mamonas Assassinas se empolgaram tanto com a Mari que ela até virou capa do disco deles e inspirou o próprio nome da banda. Sim, Mamonas Assassinas não eram necessariamente as bolinhas verdes com espinhos que a gente fazia guerrinha na rua.

Isso é inocência sua.

Claro que havia gente mais comportadinha e de família, como aqueles "Meninos do Vôlei" que ganharam a Olimpíada de 92, todos com cara de meninos criados em apartamento, tomando leite integral, fazendo judô depois da aula de inglês. As meninas sonhavam também em namorar o Junior, com aquele cabelinho de "mamãe-quero-ir-pra-catequese", e ter a Sandy como cunhada. Até o cabelinho de Miojo do Justin Timberlake na época do 'N Sync arrancava suspiros.

Naquele tempo, as garotas cultuavam pôsteres do Grupo Dominó e dos Backstreet Boys, com o visual bom moço do Nick Carter de gola rulê, no guarda-roupa. Uma vez eu tentei me vestir igual a ele e fui zoado durante meses na escola.

Num outro canto do quarto uma bela foto do Rodriguinho dos Travessos com sua viseira branca e a implacável luvinha de andar de *bike*. As garotas sabiam escolher seus ídolos.

O tempo passou e, agora em 2018, nossa heroína Nana Gouvêa ressurge num filme de terror chamado *Black Wake*. Assisti ao filme por curiosidade antropológica, e tenho a dizer o seguinte: já ouviram falar de Cary Grant e Audrey Hepburn? Humphrey Bogart e Ingrid Bergman? Ou pelo menos de Julia Roberts e Richard Gere, Kate Winslet e Leonardo DiCaprio?

Pois então guardem na memória ou procurem fotos, porque as definições de beleza, charme e elegância foram definitivamente atualizadas.

tilibra

O CADERNO DA ANA PAULA ARÓSIO QUE TODO MUNDO TEVE OU CONHECEU ALGUÉM QUE TINHA NA ESCOLA. PERFEITO PRA USAR COMO CADERNO DE PERGUNTAS-E-RESPOSTAS TAMBÉM.

CAPÍTULO 13

"RIPA NA CHULIPA E PIMBA NA GORDUCHINHA!"

Em matéria de futebol, existe um mundo antes e depois dos anos 90.

Hoje é comum ouvir torcedores reclamando que o futebol está muito chato, organizado, caro e profissional. Os jogadores são cada vez mais figuras midiáticas, sem espontaneidade, e os clubes tratam seus torcedores como clientes.

Isso tem um lado bom e um lado ruim, é claro.

A graça de lembrar aqueles anos não depende do que nós entendemos como melhor ou pior. Era diferente, bem diferente, muito divertido e bastante louco.

Eu não sou tão ligado em futebol como o cara que assina a **Apresentação** deste livro, Gustavo Nogy, que por coincidência é meu tio e é escritor. Ele é doente por futebol e pelo time dele, o Palmeiras, arquirrival do meu, o Corinthians.

Mesmo assim, não tem como ignorar o esporte inventado pelos ingleses.

Nos anos 90 não existia esse *hype* todo pela Champions League, por exemplo. O hino da Champions é mais cantado e conhecido do que o hino nacional de quase todos os países.

Foi a década dos times italianos, cujos jogos passavam na Band, aos domingos. Se eu fosse almoçar na casa do meu avô, o campeonato italiano estaria sendo religiosamente assistido.

Aliás, essa é uma das grandes diferenças daqueles anos pra cá: hoje, quem gosta de futebol tem 900 canais para assistir a jogos de todos os campeonatos do mundo, além da internet para ver e rever os gols, os melhores lances, os erros do juiz.

Antes não, jovens. Nós dependíamos da programação oficial da tevê aberta; o resto, para quem gostava muito, era no radinho de pilha.

Foi também a década de gramados horrorosos, jogadores fumando, bebendo e sabe Deus mais o que, estádios enormes e lotados, sem esse conceito de "arena" toda confortável que tem hoje.

Futebol raiz, para o bem e para o mal.

E, falando nisso, os anos 90 começaram mal, bem mal para os brasileiros. Apesar de meu time ter vencido o primeiro campeonato nacional naquele ano, a seleção do Sebastião Lazaroni (*Who?*) foi um fiasco na Copa da Itália, e tomou um pau da Argentina com Maradona e tudo.

Aquela geração ficaria conhecida como a "Era Dunga": um futebol chato, burocrático e perdedor.

O que não foi chato nem burocrático nessa Copa foi a participação de Camarões, que chegou às quartas de final jogando muita bola. Seu mais carismático jogador, Roger Milla, protagonizou um dos momentos mais incríveis na história das Copas.

Contra a Colômbia, numa das saídas tresloucadas à intermediária do lendário goleiro René Higuita, Milla lhe tomou a bola, fez Higuita comer grama e converteu em gol, com direito a dancinha e tudo.

Resultado: 2 a 1 para Camarões, a seleção mais querida de todos os tempos.

O mesmo Higuita que passou vergonha na Copa da Itália fez o que tinha de fazer depois dela: não aprendeu nadinha com a experiência e, para sorte do futebol, continuou a viver loucamente pelos campos afora.

Em 1995, durante um amistoso entre Colômbia e Inglaterra no estádio de Wembley, o extravagante colombiano se aproveitou de um cruzamento muito malfeito na área pra se tornar uma lenda do futebol: adiantado, deixou que a bola encobrisse seu corpo e, num movimento acrobático, projetou-se para a frente e fez a defesa com a sola dos pés e parte dos calcanhares, como se estivesse dando uma ferroada na bola.

Essa foi a "defesa do escorpião" e é bem difícil descrevê-la. Procurem no YouTube.

Eu lembro que quando jogávamos futebol de botão (saudades!) às vezes batia um espírito maluco, quase suicida. Aí colocávamos o goleiro (aquele pedaço de plástico ou a caixinha de fósforo mesmo) em pé, ou seja, deixando o gol mais aberto do que se estivesse na horizontal. Era o modo Higuita de defender.

Já em 94, com o mesmo futebol chato e burocrático, o Brasil do técnico Parreira ganharia a Copa dos Estados Unidos, com o redimido Dunga em campo, com o Romário arrebentando, com o Taffarel fechando o gol e com o Roberto Baggio perdendo um pênalti de que até hoje ele se lembra.

Foi naquela Copa, depois de um golaço feito contra a Holanda, que Bebeto, atacante brasileiro, fez a comemoração que ficou tão famosa quanto ele: em homenagem ao filho, comemorou embalando um bebê.

Também nela, contra a Grécia, acabaria a carreira de Maradona: ele foi pego no *antidoping* e suspenso. O argentino jogou muito naqueles primeiros jogos, mas infelizmente sabotou a própria carreira.

Me lembro bem dum tiozão (mais conhecido como Galvão Bueno) gritando desesperado "É TETRA! É TETRA! É TETRA!!!", minha família gritando com ele, minha avó estourando saquinho de pão como se fosse rojão, meu tio fazendo comentários sobre a tática, minha mãe perguntando quem tinha feito gol, meu pai dormindo no tapete porque nunca deu a mínima para futebol.

Mas a Copa do Mundo é só um intervalo de relativa paz entre os povos, porque a p....! fica séria mesmo quando há Palmeiras x Corinthians, Cruzeiro x Atlético, Fla-Flu, Ba-Vi, Gre-Nal etc.

A rivalidade entre os clubes brasileiros continua firme e forte, mas era acirradíssima, especialmente nos campeonatos estaduais.

O Corinthians ganhou o Campeonato Brasileiro de 90 com Neto (sim, o craque Neto, hoje comentarista, "diga-se de passagem"), Tupãzinho e Fabinho: 1 a 0 sobre o São Paulo.

São Paulo, que, por sua vez, montaria grandes times com o saudoso e genial Telê Santana, e seria campeão da Libertadores e do Mundial de Clubes.

Hegemonia que seria interrompida pelo Palmeiras, que, com a parceria da Parmalat, contratou craques e venceu muitos títulos.

Desses títulos, o mais importante para os palmeirenses provavelmente foi o Paulista de 1993: depois de dezesseis anos, o Palmeiras ganharia do Corinthians numa final épica, com direito a Viola imitando porco depois de vencer o primeiro jogo, Luxemburgo atiçando o brio dos seus comandados durante a semana, para que no outro domingo o Palmeiras vencesse o Corinthians por 3 a 0 no tempo normal e 1 a 0 na prorrogação.

Edmundo, no finzinho do jogo, devolveu a provocação a Viola, chamando-o para a finta e sendo atropelado por 3 corintianos.

A disputa entre Palmeiras e Corinthians alternou bons e maus momentos de ambos, mas já para o final da década o Corinthians se recuperou, armou times fortes e pôde enfrentar com as mesmas condições os grandes adversários do estado e do país.

Uma dessas batalhas memoráveis aconteceu na final do Paulistão de 99.

O Timão vencia o jogo, o Verdão estava entregue e, lá pelas tantas, Edilson, o "capetinha", resolveu fazer embaixadinhas no meio de campo, à toa, só por graça. Tomou um chute do maluco e ótimo jogador Paulo Nunes, que, por sua vez, tomou chutes de corintianos, da França, em 1998, aquela em que o Ronaldo teve um siricutico e o Brasil perdeu para o Zidane na final, decidiu largar o futebol.

Esse foi Eric Cantona.

Esse era o futebol nos anos 90.

MOMENTO EXATO EM QUE PAULO NUNES ACERTA O CAPETINHA NO PAULISTÃO DE 99.

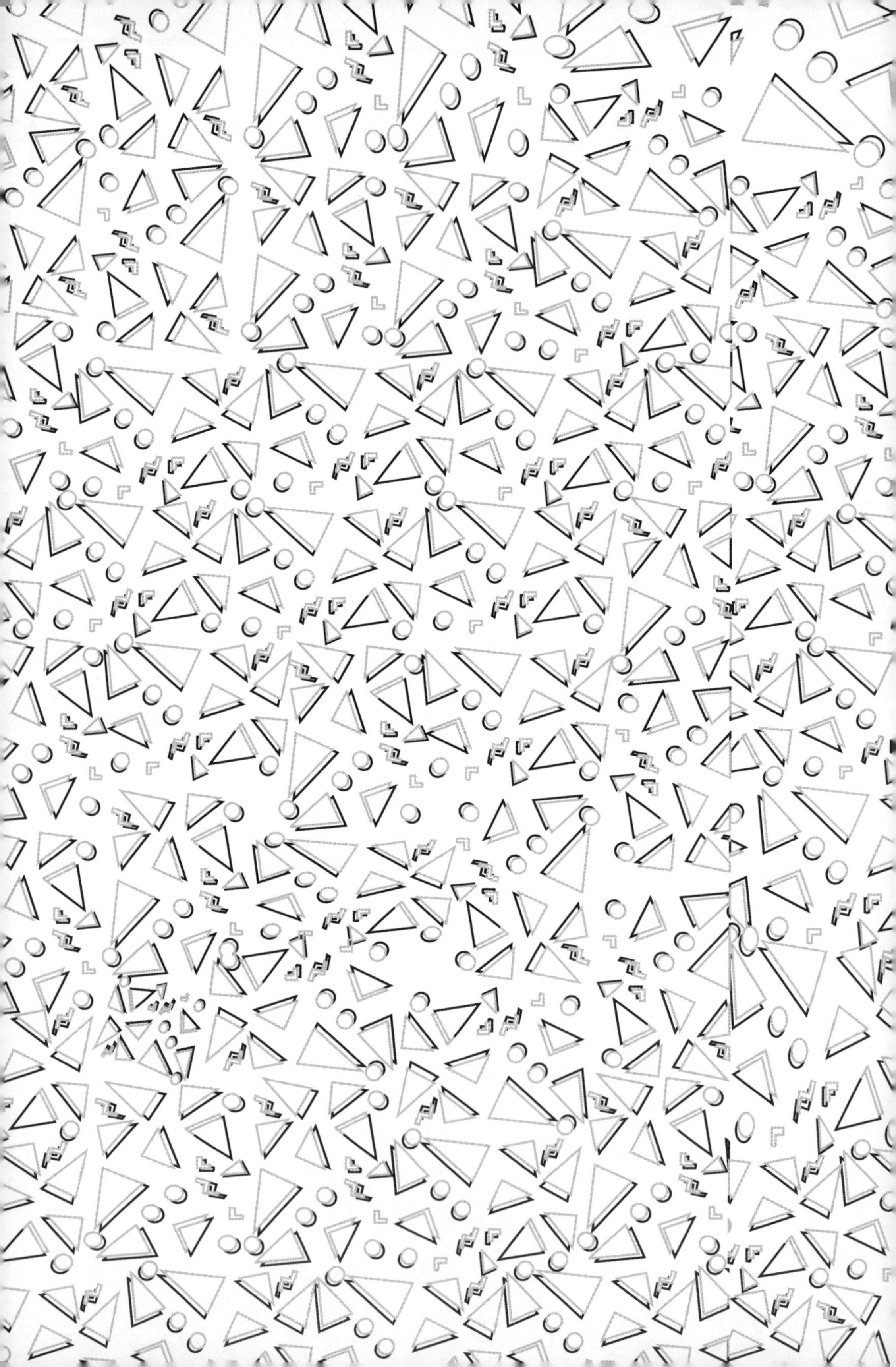

CAPÍTULO 14
O QUE NÃO MATA ENGORDA

Alimentação infantil é coisa séria, não quero aqui dar mau exemplo, mas convenhamos: nem tudo o que é alimento é bom (por exemplo, bife de fígado com chá de boldo), e nem tudo o que não é alimento é ruim (por exemplo, AAS Infantil).

AAS Infantil?!

Não, eu não era um viciado precoce em drogas pesadas. Acontece que esse comprimidinho aí, que nem sei se ainda existe e sobre o qual estou com preguiça de pesquisar, era um ícone dos remédios que eu fingia ser bala.

Na falta de bala Juquinha ou 7 Belo, AAS Infantil.

O comprimido parecia feito de iogurte de morango, e provavelmente nos ensinou o que é ser hipocondríaco desde cedo. Um tipo peculiar de hipocondria gastronômica. As meninas agora não se entopem de suco *detox* ou coisa parecida, para limpar o organismo?

Mesma coisa.

A gente sabia que era proibido, era medicamento, mas sempre dava um jeito de surrupiar um AAS na surdina e se deliciar com a maravilha.

Nunca descobri (na época, nem procurei saber) por que a gente precisava tomar, sendo bem sincero. Tinha cara de trapaça com a mãe da gente. Os médicos receitavam o negocinho pra não dizer que não faziam nada na consulta. Uma espécie de remédio que ninguém sabia o que fazia para uma virose que ninguém sabia se existia.

Eu passei a minha vida toda sem saber pra que essa balinha proibida servia. Depois de pesquisas exaustivas (o primeiro resultado que apareceu no Google), descobri que AAS Infantil serve para prevenir infarto. Sério!

Nunca tive infarto. Moral da história: eu estava certo.

Tandy

Você leu certo: Tandy, não Tang. Tang é um suco em pó, aquele do mordomo Jaime, desses que a gente compra no supermercado e que também servem como tintura de cabelo e de roupas.

Tandy é outro negócio: creme dental cheio de sabor e vida.

Não tinha cara de que ajudava a prevenir cáries, mas que era gostoso, era.

Sabores morango, uva, *tutti fruti* e, ironia das ironias, chiclete.

Isso é que é jogada de *marketing* bem-feita: sua mãe brigava com você para não mascar chiclete, porque estraga os dentes. Você ficava muito chateado. Daí inventaram um creme dental sabor chiclete.

Isso me lembrou do boato do Trident. Quando eu era criança, algum primo sacana me disse que se você mascasse um Trident não precisava escovar os dentes porque ele não tinha açúcar, e por isso já limpava os dentes (?). Esse infeliz deve ter sido o mesmo que soltou o boato de que os papéis do Trident são comestíveis. Primos sendo primos.

Biotônico Fontoura

Para quem não lembra, Biotônico é um medicamento fortificante de combate à anemia, criado em 1910.

O ano era de 1910. Pensem num remédio moderno, da época da sangria.

Mas ele bombou mesmo entre as décadas de 80 e 90, com uma enxurrada de propagandas na tevê e anúncios de credibilidade, no mínimo, duvidosa.

Com quase 10% de álcool etílico em sua fórmula original, ele foi responsável por embriagar alguns milhares de moleques nas décadas passadas. Pois é, não era fome, era a essência de cachaça fermentando e cutucando seu estômago. Aliás, por que não chamaram o Mussum pra ser garoto-propaganda do Biotônico Fontoura na época? Nunca entendi.

É possível dividir a humanidade entre as pessoas que odiavam Biotônico e as que amavam a iguaria. Eu, particularmente, adorava. Os Biotônicos geralmente ficavam escondidos naqueles armários gigantescos, bem lá no alto, juntinho com o Taí e o Diabo Verde. Estava sempre presente na casa da minha tia que ficava deprimida com a minha magreza e queria me engordar na marra.

Já o primo bastardo do Biotônico era um terror para a maioria da criançada: a **Emulsão Scott**! Aquele líquido pastoso branco era feito de óleo de fígado de bacalhau, meu amigo, minha amiga. Com certeza, uma poção que traumatizou milhões de crianças pelo mundo.

Taffman E

Agora a conversa ficou séria, e aqui nós separamos os homens dos garotos: essa estrovenga ficava na geladeira da padaria lá perto de casa, pertinho dos refrigerantes, e tinha aquele ar de "coisa para homens que já têm barba".

O gosto, indefinível, resultava da suspeita mistura de açúcar, vinho, mel, gengibre, guaraná, cravo-da-índia, pedaço de madeira com ferpa e sabe Deus mais o quê.

Prometia dar vitalidade e força ao homem moderno.

Pois a criança moderna sempre dava jeito de tomar um desses, quando alguém comprava. Na prática, uma bebida doce, esquisita que, sinceramente, acho que não serve pra nada. Nem pra recarregar o HP e MP.

Gelo de congelador

Eu quase deixei de colocar esse aqui na lista, com medo de que as pessoas não entendessem bem do que se trata.

Não, não estou falando de gelo feito *no* congelador. Estou falando de gelo *de* congelador. O ingrediente dele era, por assim dizer, o próprio *freezer*.

Aquele gelo que se forma nos congeladores, macio como a neve, saboroso como... água. Eu, quando podia, nos meus momentos mais loucos, enfiava a mão dentro da geladeira, raspava aquele gelo, a mão doía, e enfiava tudo na boca e achava bom.

Até que me falaram que aquele gelo, ou o gás que produz aquele gelo, ou a substância envolvida na produção daquele gelo, era responsável pela destruição da camada de ozônio.

Ponderei: *Se esse negócio fura até camada de ozônio, que será que vai acontecer com o meu pobre estômago?*

Achei melhor tirar esse "alimento" da minha dieta durante uns trinta dias.

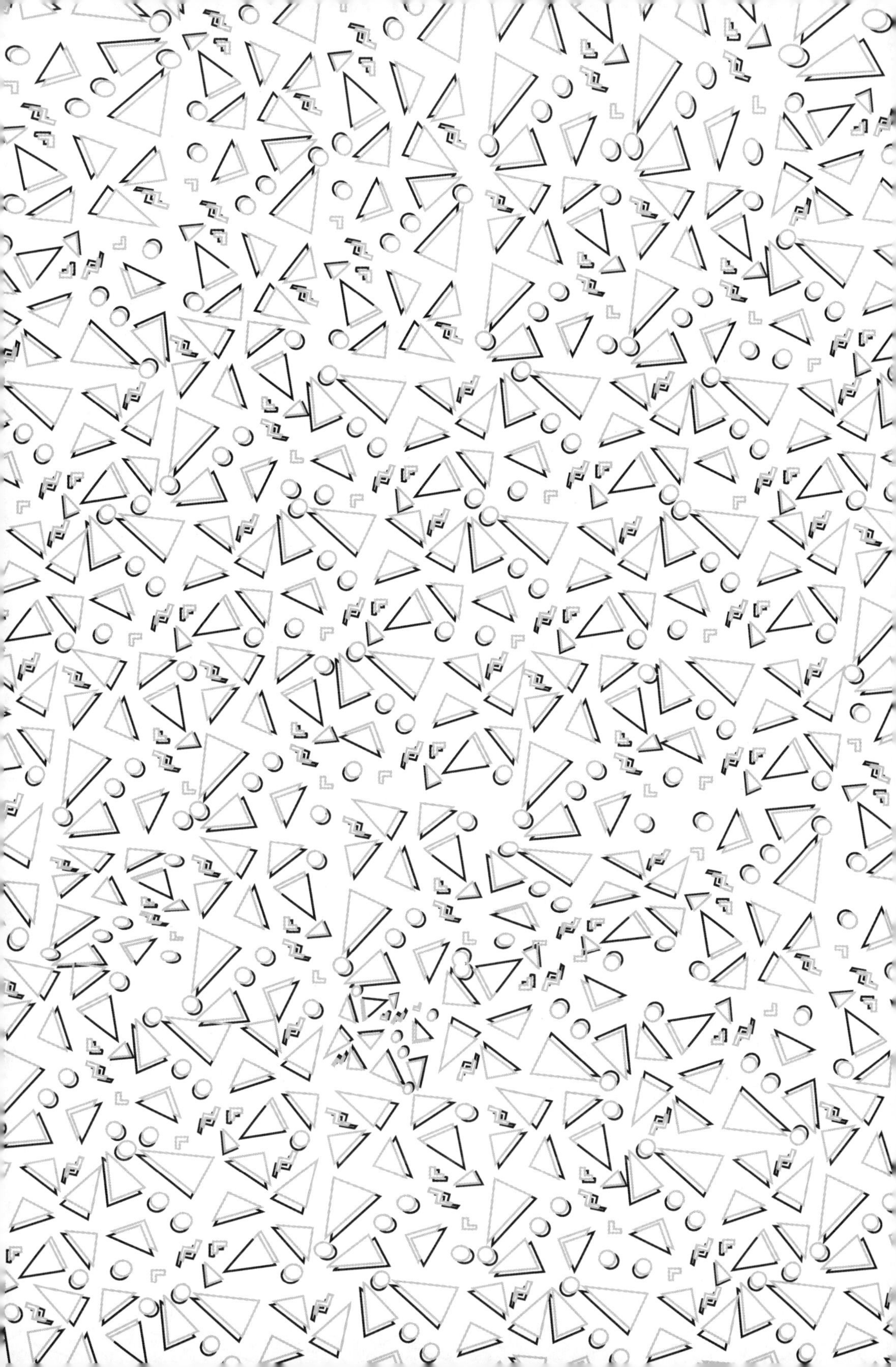

ESTA É MINHA FESTA DE ANIVERSÁRIO DE 8 ANOS E NÃO PODERIA SER MAIS TÍPICA: MESA COBERTA COM TOALHA DE CROCHÊ, BOLO DE BRIGADEIRO PRESTES A DESMORONAR, BEIJINHOS EM BANDEJAS DE ALUMÍNIO QUE SÓ ERAM USADAS UMA VEZ AO ANO E UM MONTE DE CRIANÇAS QUE EU NEM SEI QUEM SÃO. À DIREITA DA FOTO, A GELADEIRA DE CASA: GIGANTESCA, BARULHENTA, DAVA CHOQUE E FORNECIA O GELO PROIBIDO QUE TANTO ME FAZIA FELIZ.

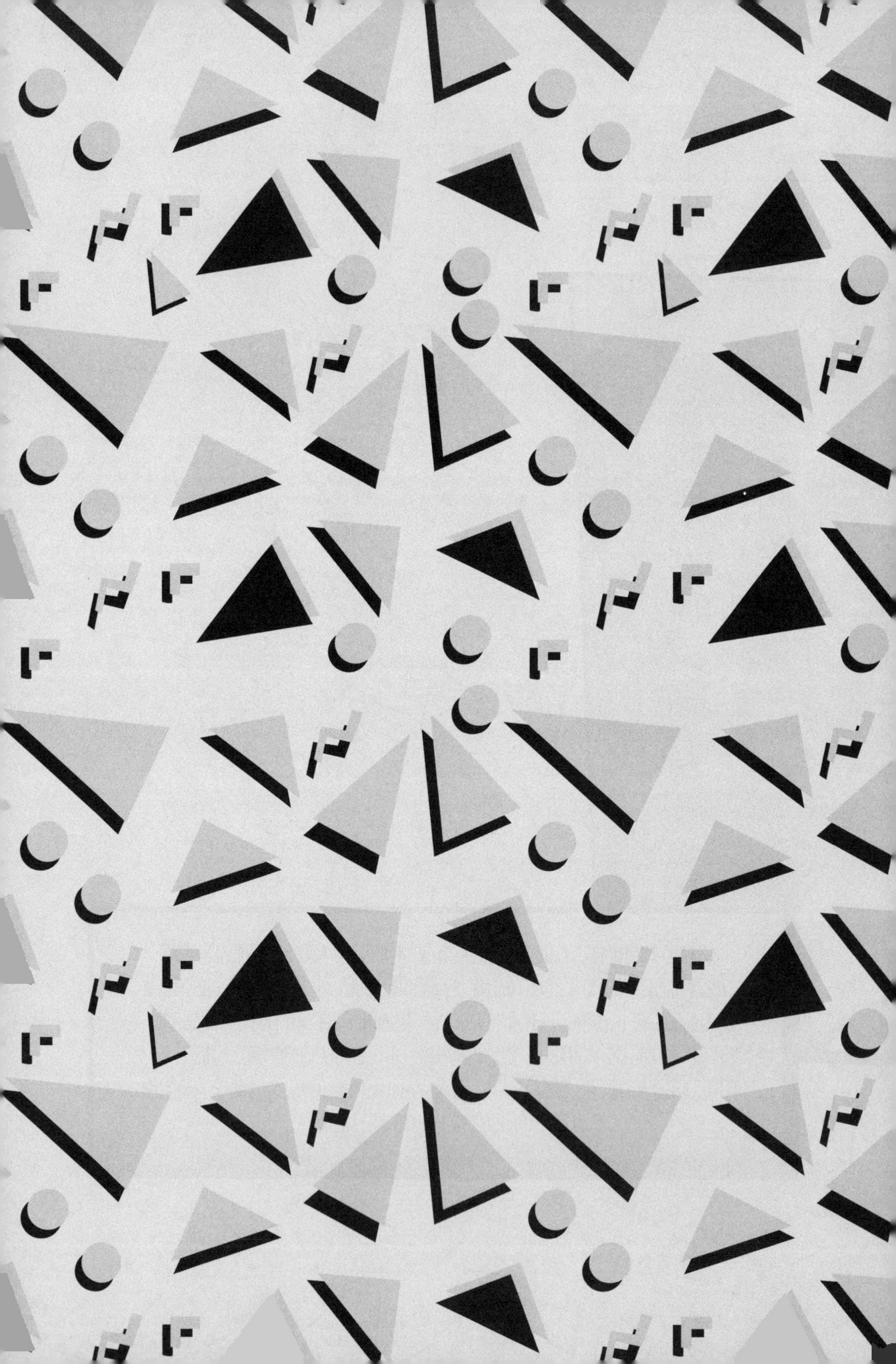

CAPÍTULO 15

OS RECLAMES DO PLIM-PLIM

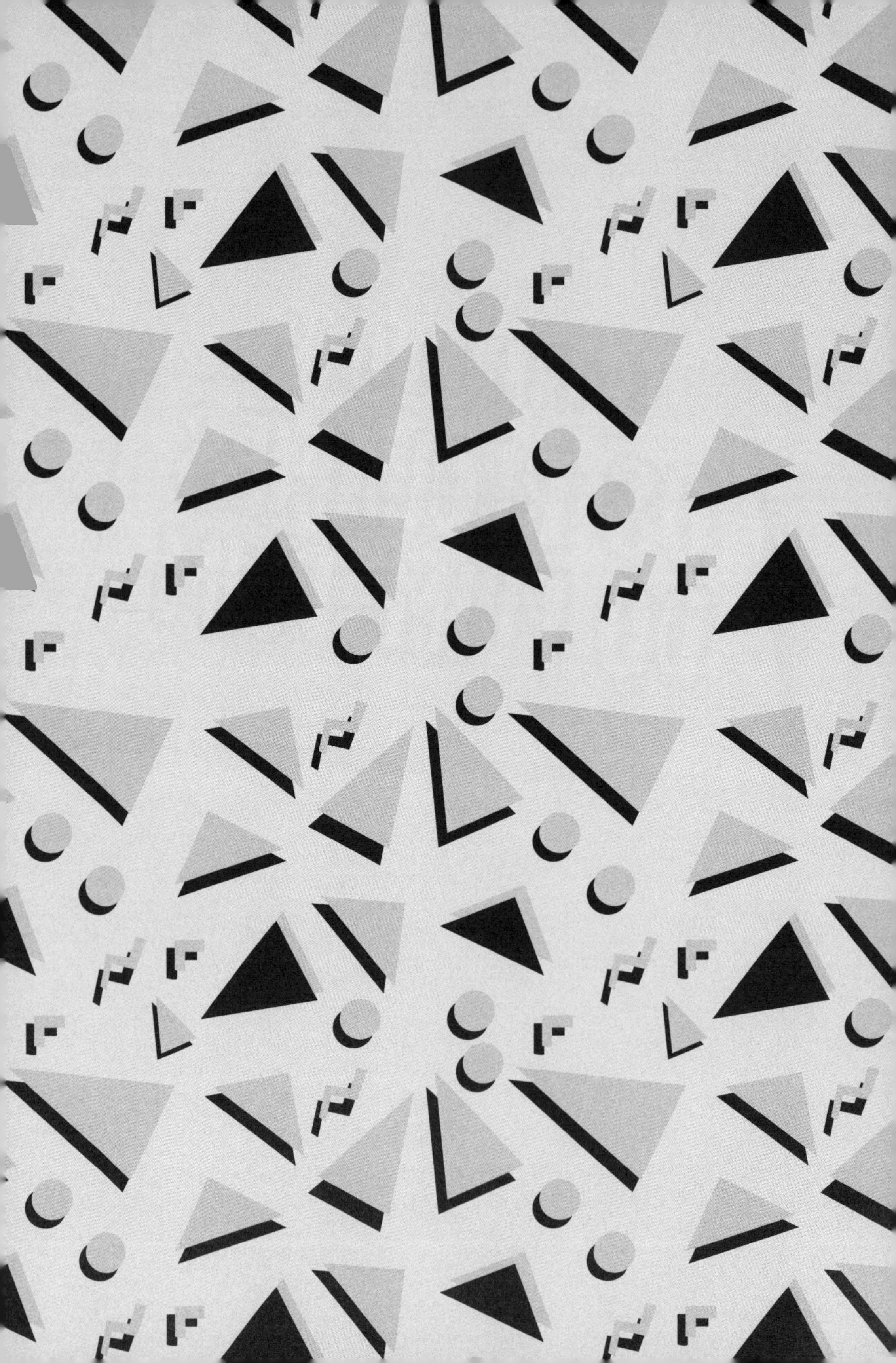

Houve um tempo em que os comerciais de tevê eram tão geniais que algumas vezes eram até melhores do que o próprio programa. (O que nunca foi muito difícil, aliás.) Principalmente se você estivesse assistindo, por exemplo, ao... programa *Gente inocente*.

O clássico momento ideal para dar uma corrida ao banheiro ou pegar um *Brown Cow* na cozinha era também uma chance pra conhecer novas propagandas ou rever pela milésima vez aquele *jingle* que você adorava. Num tempo com pouca (ou quase nenhuma) censura, as campanhas publicitárias eram mesmo um show à parte.

Ali no final dos anos 80 o Brasil já se destacou por vários comerciais. Por exemplo, aquele *slogan* "meu primeiro sutiã", da Valisère, um clássico da época. O que pouca gente então sabia é que o mentor desse comercial é um cara que se tornaria um dos nomes mais importantes da publicidade mundial: Washington Olivetto.

Apesar do nome aristocrata, nosso Washington (lê-se '*uóxitu*') era bem brasileiro. O camarada produziu tantos comerciais memoráveis que seria mais fácil falar de quais ele não participou. Finalmente, o Brasil se destacava pela originalidade em alguma coisa – no caso, a publicidade – ao redor do mundo.

Mas é fato que todo esse poder de criação do Olivetto foi incentivado por uma era sem pudores. Não é exagero dizer que algumas propagandas dos anos 90 sequer seriam aprovadas a entrar no ar hoje em dia. Algumas delas provavelmente acabariam em multas, processos na Justiça, prisões. Ou, pior do que isso, uma pena alternativa: obrigar o responsável pelo comercial a usar o figurino do Latino pelas ruas durante um mês inteiro.

Quem se lembra daquela propaganda do Neston em que a professora aparentava ter um caso com o aluno de uns 10 anos de idade? O mesmo aconteceu com o comercial da caixa de bombons da Garoto, também obra do Olivetto, que mostrava uma sequência de moleques apaixonados por mulheres mais velhas ao som de Frank Sinatra. É aquilo, né: ficção, comercial, historinha. Mas se fosse hoje em dia já estaria rolando textão dos brabos.

A campanha que trazia uma menininha tentando hipnotizar o telespectador com um chocolate amarrado numa linha, repetindo o mantra "Compre batom, compre batom...", fez um baita sucesso. Em contrapartida, foi uma das poucas que sofreram intervenção do governo na época: depois de um tempo no ar, censuraram sem dó nem piedade.

Outro comercial que eu tenho lá minhas dúvidas se seria bem-visto hoje em dia é do Tio da Sukita. Um senhor se depara com uma adolescente no elevador. Ele então começa a puxar assunto com ela, que se mostra indiferente. Até que no final ela o interrompe, chamando-o de "tio" e pedindo pra que ele aperte o número do seu andar. Eu sinceramente não vejo nada de mais neste que foi um dos comerciais de maior sucesso da época, porém não seria difícil encontrar pessoas hoje para condenar a campanha. E dá-lhe textão.

Outras propagandas foram bem mais sutis, mas igualmente provocativas. Hora de entrar em cena o genial Carlos Moreno – o famoso Garoto Bombril –, o Woody Allen brasileiro, só que ficha limpa. Sim, o Olivetto se inspirou em Allen pra criar o cara desengonçado, cômico e carismático que caiu na graça do povo com seus 1.001 personagens à frente da marca Bombril. Em um de seus incríveis comerciais, ele contava feliz as vantagens do amaciante Mon Bijou perante o seu concorrente, o Comfort. Uma provocação direta, no entanto ao mesmo tempo engraçada, inteligente. Algo que não vemos mais nos dias de hoje. É claro que isso deu um problemão. Porém, em vez de simplesmente tirar a campanha do ar, na semana seguinte vimos nosso garoto-propaganda *nerd* repetir o comercial, só que dessa vez sem citar o nome do concorrente e colocando uma espécie de capuz na embalagem. Toda essa sacada ainda terminava com um puxão de orelha, dizendo que, por conta da reclamação, o tal concorrente não iria aparecer mais na televisão. Que falta faz esse tipo de peleja na publicidade.

Aliás, onde foram parar os comerciais de cerveja com lindas mulheres seminuas no bar às 3 horas da tarde oferecendo uma gelada pros fregueses? Essas propagandas eram incríveis, mas vamos aos fatos: na vida real, a única chance de uma moça dessas aparecer lá no bar do Tião – boteco cheio de caça-níqueis ilegais que ficava na rua de casa – era com a presença do Ivo Holanda à espreita.

Hoje em dia, se aparece mulher bonita em comercial de cerveja já querem logo proibir. Está proibido ser mulher bonita em comercial de cerveja.

Fazem falta também as campanhas publicitárias com cantores sertanejos (leia-se: Leandro e Leonardo, Chitãozinho e Xororó e cia.) cantando canções como "Hoje é sexta-feira", fazendo uma verdadeira festa naquela campanha da Bavaria. Aliás, que saudades daquele comercial com a Dercy Gonçalves e a Hebe Camargo tomando cerveja e falando palavrão...

Eu me lembro também de ficar superfeliz quando rolava comercial da Skol em que um singelo jogo de dominó entre idosos se transformava num show de *rock*. Eram tempos em que as agências se preocupavam em se destacar pela criatividade.

E como esquecer o amado baixinho da Kaiser? Um senhor de bigode, usando uma boina e com muito carisma: esse foi o personagem responsável por uma das campanhas mais expressivas da indústria da cerveja no Brasil. O sucesso foi tanto, e o baixinho fez tantos comerciais, que daria pra dividir em 5 temporadas com 10 episódios cada. Se rolasse na Netflix, teria que ter um *making of* contando que a boina que ele usou foi por puro improviso, já que a careca dele estava brilhando muito com a iluminação dos refletores, e o diretor mandou buscarem uma boina pra resolver o problema, o que acabou virando marca registrada dele. O baixinho da Kaiser é o nosso Super Mario brasileiro.

Mas nem tudo foi cerveja, mulheres e polêmica nos reclames do plim-plim de 90. Algumas campanhas se destacaram mesmo pela inovação, pelo uso de novas tecnologias e, principalmente, pelo bom humor. Foi o caso da consagrada propaganda do chocolate Tortuguita, da Arcor. Sim, aquela mesma que a gente comprava na cantina da escola e não queria dividir com ninguém.

Duas tartaruguinhas de chocolate que pareciam amigas, mas sempre terminavam discutindo, até que uma abocanhava a outra, sempre ao fim do comercial, soltando o famoso bordão: "Estúpida!". A década de 90 não sabia (até porque década nem gente é, pra saber alguma coisa), mas já fabricava memes antes mesmo de isso existir de verdade.

(Mais ou menos como *bullying*, que ninguém sabia que existia até darem esse nome pro negócio.)

Outro comercial que mais parecia filme da Pixar era o das formiguinhas da Philco. Pra mostrar que a potência das caixas do Micro System – item de luxo que ostentávamos na estante ao lado da coleção de latinhas de cerveja do meu pai – era altíssima, as formiguinhas usavam a vibração dos alto-falantes pra voar pelos ares. Sério, eu ainda vou ficar sabendo que o cara que produziu esse comercial foi contratado pra fazer o *Vida de inseto*, anos depois.

Logo após a privatização da Telebras (amém!) naquele inverno de 1998, os serviços de telefonia finalmente estavam em alta e –

com o perdão do trocadilho – na boca do povo; então a Embratel invadiu os intervalos da *Sessão da tarde* (e do *Cinema em casa*). O jargão "Faz um 21!" por algum motivo ficou famoso na interpretação da Ana Paula Arósio.

"Por algum motivo", leia-se: por causa da musa Ana Paula Arósio.

Surgiu até uma garotinha que era uma miniatura dela nos comerciais, acredite se quiser. Mas o que elevou o nome da empresa às alturas mesmo foi a sequência de comerciais dos gloriosos "gordinhos do DDD". Calma, não me arremessem pedregulhos: foi bem assim que eles ficaram conhecidos pelas várias campanhas na época: "Eu sou o D. Eu sou o D. Eu sou o D. Somos o DDD!".

Com muito bom humor e naturalidade os três garotinhos fizeram um baita sucesso entre 98 e 2000. Foram dezenas de comerciais que colocaram o trio de camisetinha colada e touca de natação como uma das campanhas mais bem-sucedidas da década. O mais curioso disso tudo é que fiquei amigo de um deles – o que vestia vermelho –, o Vlademir. Ele me conta que mesmo após tantos anos as pessoas o reconhecem na rua, de vez em quando.

Algumas histórias não são conhecidas do público, mas são verdadeiras pérolas que eu acho legal contar aqui. Em um comercial os meninos tinham de fazer cara de bravo, algo que não era comum pra eles. Por sorte ou azar, as toucas vieram bem mais apertadas que o normal, então durante todo o comercial eles estavam fazendo cara de sofrimento por causa do aperto na cachola, mas que combinou bem com a ideia de braveza da propaganda.

Um erro parecido aconteceu no comercial do elevador: como as roupas do "D amarelo" e do "D verde" vieram com os tamanhos errados, eles tiveram que inverter os personagens nesse dia, algo que certamente muita gente nem percebeu.

A entrevista deles no Jô Soares também teve um caso curioso nos bastidores: no roteiro, o Jô iria entrar vestido de "D azul", mas no dia ele estava com dores na coluna, o que acabou impossibilitando-o de vestir a roupa apertada. Sorte dele, azar o nosso – que não pudemos presenciar essa cena.

Outro dia memorável foi quando os garotos estavam gravando um comercial em que tinha um casal de atores na cama. Do alto de sua efervescência hormonal, um dos "Ds" perguntou aos presentes se a moça que estava ali na cama estava nua debaixo do lençol. Bastou isso pra todos começarem a *trollar* o coitado, que desembestou a chorar no estúdio e teve que ser acalmado pela mãe.

Desculpe estragar sua infância, que sempre achou que esses meninos eram apenas garotinhos saltitantes que só cantarolavam músicas engraçadas. Mas os anos 90 têm dessas.

Os *jingles* – aquelas musiquinhas que cumprem bem o seu papel de ficar para sempre em nossas mentes – também inundaram a tevê em 90.

PIPOCA NA PANELA
COMEÇA A ARREBENTAR
PIPOCA COM SAL
QUE SEDE QUE DÁ

Esse comercial do Guaraná Antarctica é tão bom e tão envolvente que você fica na dúvida se é propaganda do Guaraná ou da pipoca. Dá vontade de comprar os dois e passar uns tês meses na frente da televisão. Aliás, saber cantar esse *jingle* inteiro é como entender a relação entre uma BIC e uma K7: entrega a sua idade.

Uma boa ideia também seria montar uma *playlist* com músicas de comerciais dessa época, já imaginou? Não poderia faltar a trilha sonora do Big Mac – "dois hambúrgueres, alface, queijo, molho especial, cebola e picles num pão com gergelim" –, que nos fez crer piamente que já estávamos prontos pra trabalhar na chapa do McDonald's só por saber essa letra de cor e salteado.

Outra que não pode faltar na nossa *playlist* é a música do Chokito, naquele comercial de 1997. Quem não sabia cantar essa na escola tava por fora: "Leite condensado, caramelizado, com flocos crocantes e coberto com o delicioso chocolate Nestlééééé".

Por falar em escola, não dá pra ficar de fora o viciante comercial do Bubbaloo banana. Nada mais gostoso que assistir a essa propaganda umas 5 vezes seguidas. Na sequência, a canção da Poupança Bamerindus pra nos lembrar do quanto éramos felizes nessa época que achávamos banco uma coisa legal, e só queríamos apertar os botões do caixa eletrônico quando íamos com nossos pais sacar algum trocado. Deu até saudade daqueles caixas do Banespa no centro da cidade.

Calma, já passou.

Uma musiquinha mais difícil de decorar inteira, mas que é uma das campanhas mais amadas de todos os tempos: os mamíferos da Parmalat. Crianças fofas vestidas de bichinhos, uma canção engraçadinha de fundo e muita espontaneidade. Não podia dar errado. A campanha foi o maior marco da Parmalat, alavancou as vendas de forma estrondosa e distribuiu a inacreditável quantia de 15 milhões de pelúcias.

No entanto, à margem de todas essas megaproduções, havia os comerciais da Teleshop, uma espécie de propaganda das Organizações Tabajara (*Casseta & Planeta*, para quem nasceu ontem) da vida real. Só que pioradas. Atuações sofríveis, cenários que pareciam de teatrinho da escola e produtos que prometiam te dar superpoderes: assim eram os *infomerciais* (argh!) da Teleshop, que já eram cômicos na época, imagina se vistos hoje em dia. A gama de produtos anunciados era tão grande que parecia a loja de R$ 1,99 em que comprei meu *hominho* do *Jurassic Park*.

Os óculos de sol Ambervision prometiam bloquear todo tipo de raios desfocados (?) – e ao mesmo tempo te deixavam parecido com o Cyclops no começo de carreira –, e certamente não te protegiam de coisa nenhuma. Já Ritmo Gym, Power Tek e mais uma pancada de quinquilharias garantiam deixar seu corpo perfeito apenas puxando uma espécie de balestra plástica na boca do estômago. As cenas dos atores felizes puxando esse troço são de emocionar.

Bugigangas pra fazer abdominais e fortalecer os braços e as pernas não faltavam na Teleshop: um mais assustador do que o outro. Alguns te davam choques elétricos ou coisa parecida, no que diziam ser uma espécie de ginástica passiva: você botava uma cinta, aquilo ficava dando tremeliques e você acreditava no milagre da criação de músculos sem esforço. Minha mãe comprou um desses aparelhos que prometiam deixar a barriga trincada na época: era azul-marinho, todo emborrachado, lindo. Ficou perfeito como enfeite no canto do meu quarto.

Mas talvez nada supere o inacreditável Sonic 2000: como o próprio nome já sugere, um dos maiores presentes que a tecnologia poderia nos dar. O Sonic 2000 era basicamente um aparelho para aumentar a audição de quem não tem problemas de audição. É sério, isso é até mencionado no comercial. A ideia é de um aparelho colocado no ouvido que amplifica o som, pra você fazer uma espécie de *cosplay* de Demolidor capenga.

Cenas com um cara jogando uma agulha gigante seguido de um babaca dizendo: "Uau! Eu consegui ouvir a agulha caindo do outro lado da *chala*!" (ele quis dizer *sala*, mas acho que ninguém mais aguentava gravar esse negócio, então não corrigiram e ficou *chala* mesmo), e avisos dizendo que você não pode usar o Sonic 2000 para ouvir conversas alheias pela parede fazem desse um dos melhores (piores) infomerciais da Teleshop. E olha que a concorrência era grande.

Foi também no submundo da Teleshop que conhecemos as lendárias facas Ginsu, as facas que cortavam tudo. Tudo. T-U-D-O. O comercial já começava com um peixe gigante – tipo aqueles que o Goku pescava no primeiro *Dragon Ball* – caindo do teto bem em cima da mesa, seguido de uma moça tentando cortá-lo com um golpe de karatê (oi?). É claro que só a faca Ginsu poderia cortar esse peixe (não me pergunte como era o mundo antes da Teleshop).

Na sequência, podíamos ver a Ginsu em ação cortando latas de refrigerante, sapatos e até tubos de alumínio (?). No final, a informação mais relevante de todas: ela servia até para cortar um bife.

Tão poderosa quanto a Ginsu era a indestrutível meia Vivarina. Afinal, vimos garfos, pedras gigantes e até unhas de gato tentando desfiar uma meia Vivarina, sem sucesso. No fim das contas, vivemos esse grande paradoxo nos anos 90 que ainda perdura sem solução: nunca um ser humano pôde constatar se a faca Ginsu corta ou não uma meia Vivarina, porque não existia milionário pra isso na época. Era como *videogame*: ou você compra um Super Nintendo ou um Mega Drive. Os dois não se misturam, como água e óleo, como leite e manga, como os anos 90 e a sanidade.

TE PEGO
ROCKY
CURTINDO A
POR UNS

HOJE GUARDO COM CARINHO ESSE URSO-POLAR (MAS INVEJO AS CRIANÇAS QUE TÊM FOTO COM A COLEÇÃO TODA ESPALHADA PELA CAMA).

CAPÍTULO 16

NANA, NENÉM, QUE O PROF. TIBÚRCIO VEM PEGAR

Eu fiz parte de uma geração em que ser *nerd* era motivo de chacota. Os *nerds* eram um alvo fácil e corriqueiro em todas esferas da sociedade: nas ruas, na escola, no ônibus e até no catecismo. Hoje em dia ser *nerd* é colecionar *action figure* e pagar 100 reais num quadrinho de capa dura edição de luxo. Eu fui o melhor aluno da escola durante a 3ª e 4ª séries – pode perguntar pra minha mãe –, usava suspensório azul-bebê e tinha um cabelo lambido que daria inveja em qualquer CDF (aliás, por que pararam de usar esse termo?). Minha sorte era ter dois irmãos mais velhos.

Eu gostava de brincar na rua, mas isso às vezes implicava em ser ameaçado pelo maloqueiro mais temido da redondeza. Toda vizinhança que se preze tinha um maloqueiro que adorava arrumar treta. É bem aí que entra meu irmão mais velho pra me defender. Teve uma vez que um grandalhão do bairro tacou um tênis nas minhas costas – sabe-se lá por quê – e meu irmão agarrou logo um tijolo maciço e foi pra cima do cara. Acho que era Adilson o nome dele. A galera da rua segurou meu irmão e nenhum crânio foi danificado (esse dia), mas a cena emocionante compensou o golpe que recebi.

O medo de apanhar de um babaca mais velho ou mesmo da cinta da minha mãe são coisas que sempre me acompanharam. Assim como os pequenos medos da infância que me perseguiram durante anos. Não bastava ser medroso na vida real, eu tinha uma vasta gama de pavores na ficção. Verdade seja dita: alguns personagens, programas de tevê e até brinquedos botavam medo em qualquer criança de coração puro.

Por exemplo, o ***Rá-Tim-Bum*** **(não confundir com o *Castelo*)** é com certeza um dos melhores programas infantis daqueles anos. Aprendi muita coisa só assistindo àquilo. Desde música até a importância de se lavar as mãos. Aliás, eu achava o máximo eles mostrarem aquele bebedouro de azulejo na filmagem, pois era exatamente igual ao da minha escola. Depois eu fui descobrir que ele era igual ao de todas as escolas.

Mas o *Rá-Tim-Bum* também tinha seu quê de mórbido. Era só ouvir o *Senta que lá vem a história* que já dava um frio na espinha. Na dúvida, eu até me sentava no sofá mesmo. *Vai que esse narrador aparece pra puxar meu pé à noite*, eu pensava.

Não contente, fomos apresentados ao Professor Tibúrcio e àquela cara pálida assustadora. Eu sempre pensava que um belo dia ele iria se revelar um grande vilão. Pra mim ele continua sendo.

De repente, uma esfinge surgia na tela soltando um enigma pra gente resolver. Os enigmas eram simples, o problema era se concentrar com aquele bicho medonho te encarando.

Aliás, o ***Castelo Rá-Tim-Bum*** também era um antro do medo. De risadas maquiavélicas do Dr. Abobrinha ao sádico Mau nos esgotos do castelo, não era difícil perder a noite de sono depois de assistir a um episódio do programa. O episódio em que o Tio Vitor virou monstro deveria ser considerado um *spin-off* de terror para maior de 18 anos. Pro dia terminar ainda mais tenebroso, só com uma visitinha da Caipora. Mesmo sendo um programa infantil, em alguns momentos não estávamos preparados pra ele.

É que nem ir ao circo: quem diabos inventou que circo é coisa pra criança? Poucos ambientes são tão assustadores: palhaços, gente pendurada desafiando a morte, um globo da morte...

Não é à toa que há 900 filmes de terror cujo protagonista é um palhaço, ou a mãe de um palhaço, ou um cara que conhece um palhaço.

CAPÍTULO 16

Nem meu programa predileto – até hoje – escapa: o ***Chaves***, série de tevê tão amada por todo mundo.

Quem não teve calafrios no episódio em que as crianças da Vila entravam pela primeira vez na Casa da Bruxa do 71?

Até porque eu tinha uma vizinha que era, digamos, um genérico da Bruxa do 71 original. A casa dela era toda pintada de preto e reza a lenda que ela tinha morcegos de estimação. Meu pai, pra me acalmar, disse que era urubu. Fiquei com mais medo.

Outro programa que marcou minha infância foi o ***Sítio do Pica--pau Amarelo***.

Obra do Monteiro Lobato, tudo bonitinho e cultural, ok, mas tinha seus momentos. A Cuca, afinal de contas, era uma velha medonha em pele de jacaré.

Nada contra velhas, hein?! Nem é bonito escrever "velhas".

Mas tudo contra uma velha medonha em pele de jacaré.

Portanto, um conselho: se você for velha, não seja uma velha medonha em pele de jacaré.

Pior do que a Cuca só aquele Minotauro, que de vez em quando invadia a cozinha da Tia Nastácia. Pra dormir à noite eu inventei que ele gostava de bolinho de chuva.

Daí tinha o **Fofão**. Nosso Chucky brasileiro.

Fofão era um... um... não faço ideia do que era aquilo. Só sei que parecia um cachorro com caxumba e alguma outra coisa que a Nasa deve ter guardado lá na zona 51. E isso passava para as criancinhas.

Ainda farão pesquisas correlacionando o aumento da criminalidade entre os jovens e o número de horas a que esses jovens assistiram de Fofão, quando crianças.

"Estudos comprovam...", sabe como é?

Pra sacramentar que o Fofão não era mesmo de Deus, foi constatado que dentro do boneco dele havia uma faca superafiada. Uma adaga negra que poderia tranquilamente ser uma arma do *Final Fantasy*. Aí eu me pergunto: será que alguma briga já terminou com um cidadão empunhando uma faca do Fofão? Melhor nem pensar.

Não bastassem todos os programas feitos para criança ter medo, a gente ainda era obrigado a tomar conhecimento dos programas para adulto ter medo.

Tinha o ***Linha direta***, sempre falando de crimes naquele tom de suspense da Globo. Só na abertura a gente já dava aquela travada. Fosse com a apresentação fantástica do Marcelo Rezende ou com aquela voz sombria do Domingos Meirelles, o terror instaurado era o mesmo. Meu maior medo era que numa daquelas fotos dos bandidos no final aparecesse meu vizinho. Já o meu pai achava essa possibilidade sensacional, pra daí denunciar o cara e assim virar o herói do bairro.

Pior do que o *Linha direta* era o **Plantão da Globo**, com aquela vinheta mais assustadora que já ouvi na vida. Tocava aquele negócio e você imaginava todo tipo de desgraça. Era começar o plantão e todo mundo saía do seu canto da casa pra se reunir na sala e ver a possível tragédia. Aliás, o *Plantão* assustava tanto que eles deviam tocar a vinheta do *Plantão da Globo* para anunciar o *Plantão da Globo*.

E teve o **ET de Varginha**, o mais genuinamente brasileiro dos ETs. Juntamente com o ET Bilu, é claro.

Sobrevivemos também ao **chupa-cabra** e àquelas reportagens no programa do Gugu com música tensa de fundo.

(Vamos combinar que nossos monstros nem nome de monstro têm.)

O pavoroso **Cadeirudo** e aquele jeito de andar bizarro na novela *A indomada*.

A **Zélia Cardoso de Melo**...

Ah, mas isso foi antes.

Moral da história: Eu sobrevivi aos anos 90, mas foi uma árdua missão após a qual só os fortes chegaram até aqui.

INCLUINDO
MUNDO NOVO
O MELHOR DO
FOFÃO
TO
THE

BONS SONHOS.

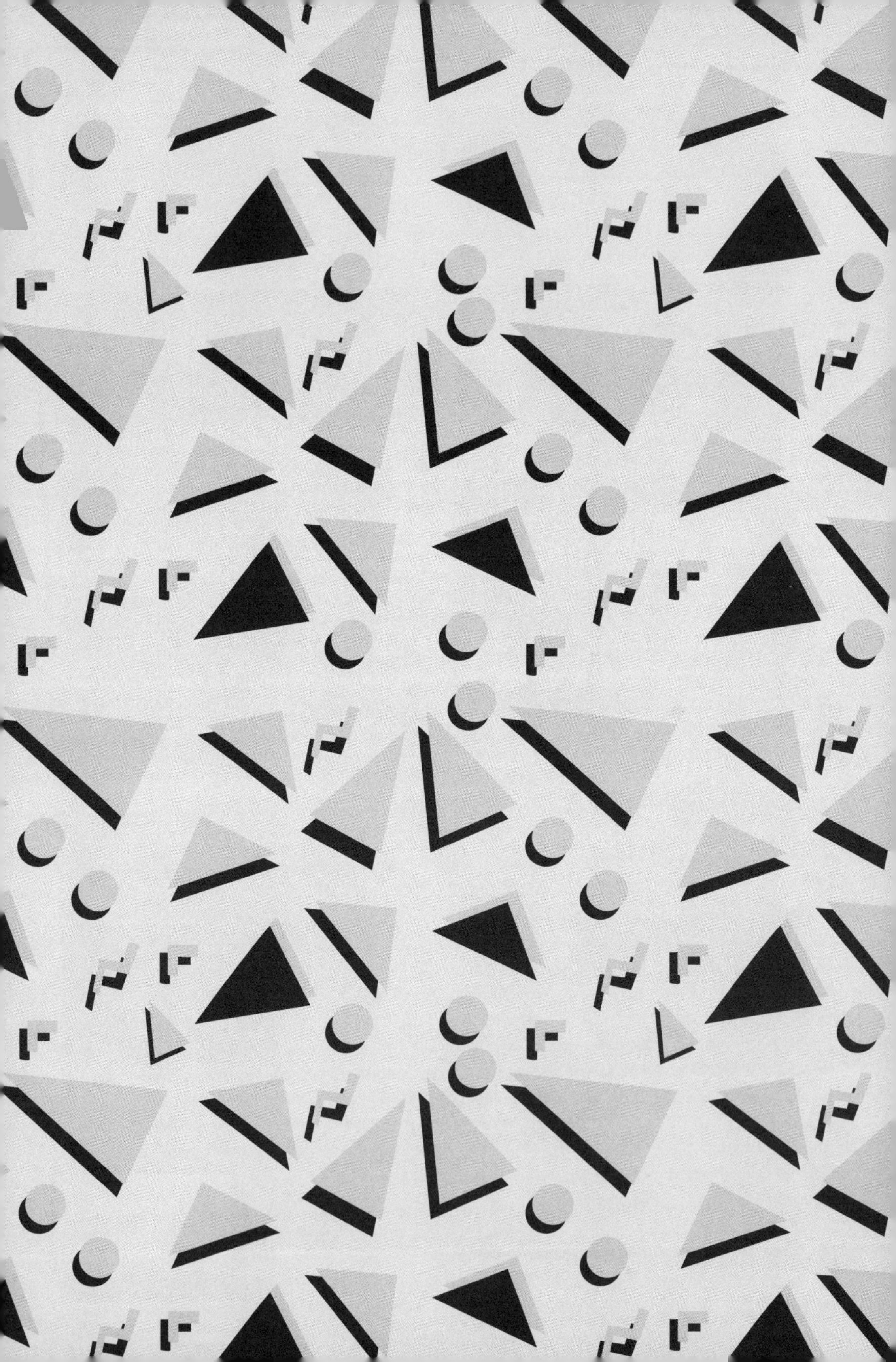

CAPÍTULO 17
A SAUDADE QUE FICA

No fim das contas, os anos 90 passaram como aquela brisa que anuncia a chuva. Eu já não ouço mais o som das crianças brincando de taco ou bolinha de gude, nem vejo os tijolos no meio da rua como se fossem as traves do gol. A internet chegou e, para decepção do meu pai, aquela fita de boxe não vale uma fortuna: o YouTube está cheio de vídeos daquela abocanhada do Mike Tyson. O disco de vinil, a K7 e até o CD, que antes ocupavam caixas enormes dentro do armário antigo, hoje foram empacotados num arquivo de computador, a um clique do mouse. A caneta BIC, que antes não saía do lado do Micro System, virou enfeite na mesa do escritório. Telefone de disco virou *vintage* e alugar fita VHS se tornou o "alguém lembra a senha do Netflix?". O fax está quase se tornando artefato arqueológico, e eu nunca mais vi matéria do Maurício Kubrusly dizendo que o futuro é logo ali.

A música se transformou numa coisa que eu não sei nem pronunciar e o autorama, que não funcionava, agora é um jogo de corrida para celular com gráficos mais bonitos do que meu carro. A galera não se reúne mais na locadora de games pra trocar manhas do *Mortal Kombat*, nem pra se vangloriar que zerou *Blackthorne*. Cada um joga *videogame* na sua casa com seu *headset* gigantesco e seus amigos bem longe: todos *on-line*. O bar do Washington, que Deus o tenha, fechou as portas e, além de não haver onde as crianças jogarem fliperama, eu não faço ideia de onde elas possam achar um guarda-chuvinha de chocolate ou o doce de abóbora de coração. Por falar nisso, não perdi meus dentes por causa dos doces de boteco, nem comecei a fumar de tanto fumar cigarrinhos de chocolate. Só não me pergunte sobre como passo as noites tristes, quando sinto saudades dos Tazos.

A tevê se reinventou, voltou atrás, virou cambalhota, esperneou, parou no tempo. As pessoas que querem parecer *cult* dizem que não assistem mais à tevê ou sequer têm uma em casa. Eu a uso para ligar na internet e assim assistir a programas completos do *Domingo legal* de 96 ou 97. Assim como a locadora do Kurt brasileiro e seu maldito irmão gêmeo, a Mesbla virou anúncio em revista velha de consultório odontológico, e ninguém mais sabe onde achar pochetes transadas e tênis Le Cheval que piscam luzinha. As pessoas têm o estranho costume de assistir a filmes no celular (da tela grande à tela minúscula; alguma coisa deu muito errado) e o ídolo das adolescentes hoje em dia é um cara chamado MC Kevinho, e o MC Brinquedo acabou de lançar um clipe novo com alguns milhões de acessos.

O futebol não é mais raiz há tempos, as comidas com gordura *trans* viraram veneno e as autoridades constituídas tiraram o álcool do Biotônico Fontoura. Os comerciais, de tão politicamente corretos, mais parecem esquete das Organizações Tabajara. De tudo isso, só restou o medo do Professor Tibúrcio, do governo e da inflação.

Ainda assim, somos hoje uma consequência daqueles dias felizes e de vez em quando tristes. De todas aquelas tardes em que chovia fraquinho e continuávamos a chutar bola na rua, contando com a condescendência da nossa mãe. De todos aqueles brinquedos que eram coisas importantíssimas para nós e que hoje nos fazem lembrar de cada sorriso.

Os anos 90 se foram, é verdade. Mas essa saudade que ficou no peito segue firme, às vezes reaparece mais forte, sufoca um pouquinho. E, como aquela criança já suja de terra do chão batido que promete ir para casa antes do anoitecer, na verdade, essa tal saudade não parece querer ir embora tão cedo. Melhor assim.

AGRADECIMENTOS

Ao Gustavo Nogy, por acreditar neste livro antes mesmo de ele existir e por ser o padrinho de tal (mais ou menos como os programas de tevê antigos que eram apadrinhados por alguém). À minha esposa Ana Carolina pelo apoio incondicional durante todo o processo, pela paciência e por achar que todas as noites com pouquíssimas horas de sono valeriam a pena. Ao meu filho Gabriel por ser um serzinho tão abençoado e que tanto me inspira.

Ao guru da música *noventista* nas noites paulistanas Denis Romani, ao *oldgamer* Velberan, ao cara que gostava tanto de tevê nos anos 90 como eu, o Paulo Almeida Prado, e ao querido Vlademir Alves – acreditem se quiser –, um dos meninos do comercial do DDD.

Agradeço ainda o inesgotável equilíbrio e toda ajuda vinda do Felipe Brandão, à Taty e a toda a galera da Editora Planeta.

Por fim, meu muito obrigado a todos que em algum momento acreditaram nesse sonho (olha o legado da Xuxa aqui), aos meus irmãos que, além de terem se tornado personagens essenciais neste livro, são minha grande e indestrutível fortaleza. A todos os amigos e familiares que, de tão ansiosos por este livro, me perguntaram mais de 100 vezes quando ele seria lançado. E quantas páginas de Word são necessárias para se ter um livro.

Obrigado.

Vivarina
COMO VISTO NA
TV.
LIVRE DE DESFIOS!
IMPORTADA!
GINSU 2000
STAINLESS JAPAN

O FIM DO MISTÉRIO OU O COMEÇO DE TUDO?

Este livro foi composto em Futura Sans, Caferus e Helvética Neue e impresso pela RR Donnelley para a Editora Planeta do Brasil em novembro de 2018.